逆転!

David and Goliath

by Malcolm Gladwell

強敵や逆境に勝てる秘密

マルコム・グラッドウェル=著

藤井留美=訳

講談社

プロローグ　ダビデとゴリアテ

羊飼いの少年はなぜ屈強な大男を倒せたか

史上最も有名な決闘

険しいユデア山地と、地中海沿いの広々とした平原のあいだに横たわるパレスチナは、その昔シェフェラと呼ばれていた。息をのむほど美しい景色、ぶどうと小麦が豊かに実り、森が広がるこの一帯は、戦略的にもきわめて重要なところだった。

シェフェラの覇権をめぐっては、数えきれないほど戦いが行なわれてきた。地中海沿いに暮らす人びとにとって、高地にあるヘブロン、ベツレヘム、エルサレムに行くにはシェフェラの渓谷を通るしかない。最も重要だったのは北のアイジャロン谷だったが、最も多く逸話に登場するのはエラの谷だ。一二世紀、エジプトのスルタンだったサラディンが十字軍と対決したのがこの谷だった。それより一三〇〇年前、マカバイ家がシリアに反旗を翻したときも、ここが舞台となった。だがいちばん有名なのは旧約聖書の時代、建国したばかりのイスラエル王国がペリシテ人の軍勢と衝突した戦いだろう。

ペリシテ人はクレタ島の出身だ。海を越えてやってきて、海岸沿いに定住した。イスラエル人は初代のサウル王のもと、山岳地帯に肩を寄せあって暮らしていた。ところが紀元前一一世紀後半、ペリシテ人が東に移動を開始し、エラ谷を上流にさかのぼりはじめる。ねらいはベツレヘム近くの山を征服し、サウル王の国を分裂させることだった。好戦的なペリシテ人は、イスラエル人にとって宿敵であり、危険な存在だった。事態を察知したサウル王は兵を集め、彼らを迎えうつべく山を下った。

ペリシテ軍はエラ谷の南側の尾根に陣をとった。イスラエル軍は北側に陣営を構える。両軍は谷を挟んでにらみあい、どちらも動こうとしなかった。谷底におりて、敵陣に向けてふたたびのぼるのは自殺行為に等しいからだ。しびれを切らしたのはペリシテ軍だった。膠着《こうちゃく》状態を打開するため、ひとりの屈強な兵士が谷をくだりはじめた。

彼は身の丈二メートルを超える大男で、青銅のかぶとと甲冑《かっちゅう》をまとい、槍と剣を手にしていた。大きな盾を構えた別の兵士がその前を歩いている。巨漢の兵士はイスラエル軍の前に立ちはだかり、大音声で叫んだ。「誰かひとり出てきて、俺と対決しろ！　俺を負かしたら、全員奴隷になってやる。だが俺がそいつを倒したら、おまえたちが奴隷になれ」。

イスラエル軍の陣営は誰ひとり動こうとしなかった。あんな恐ろしい大男に勝てるわけがない。とそのとき、羊飼いの少年が名乗りをあげた。少年は、前線にいる兄たちに食べ物を届けるためにベツレヘムから来たところだった。サウル王は「おまえはまだ子どもではないか。あのペリシテ人は百戦錬磨の戦士だ。とうていかなわない」と難色を示す。それでも少年の意志は固い。「ライオンや熊に羊をさらわれたときも、私はあとを追いかけて猛獣を倒し、羊を取りかえしました」。

そこまで言われると、サウル王も承諾しないわけにいかなかった。羊飼いは谷底へとおりていく。待ちかまえるペリシテ人は叫んだ。「かかってこい。おまえの肉を天の鳥や地の獣の餌にしてくれるわ」。こうして史上最も有名な決闘が幕を開けた。

ペリシテ人の大男の名前はゴリアテ。羊飼いの名前はダビデだった。

どんな強者にも弱点はある

ふつうの人間が巨人と戦うにはどうすればいいか——それがこの本のテーマだ。「巨人」とは圧倒的に強い敵のこと。軍隊や戦士だけでなく、障害、不運、抑圧といったことも含まれる。この本では一章でひとりの人物を取りあげる。有名人もいれば無名の人もいるし、凡人もいれば才人もいるが、共通するのは手に余る挑戦に直面し、それを乗りきらなくてはならなかったこと。ルールを守るのか、おのれの直観に従うのか？　忍の一字で耐えるか、降参するか？　反撃に転じるか、許してしまうのか？

この本では、章ごとにさまざまな物語を紹介しながら、二つのことを掘りさげていきたい。ひとつは、圧倒的に不利な状況に置かれながらも、あえて戦う道を選ぶ姿は美しく、崇高だということ。勝ち目のない戦いに挑む精神は尊い。そこから扉が開かれて、新しい歴史や価値がつくられる。そしてもうひとつは、どんなに強くて大きい巨人にも、かならずどこかに致命的な弱点を持っているということだ。

だが現実には、巨人の迫力に圧倒され、戦わずして逃げだす人がほとんどだろう。そんな人たちが一歩前に踏みだすために、的確な指南書を用意したい。そんな願いを込めたのがこの本だ。

ゴリアテがイスラエルの軍勢に対して要求したのは「一騎打ち」だった。古代世界ではおなじみの形式だ。全面衝突で多くの血が流れるのを避けるために、代表者一名どうしが決闘する。紀元前一世紀のローマの歴史家クィントス・クラウディウス・クァドリガリウスは、ガリア人とローマ人の戦いで起きたこんなエピソードを紹介している。ガリア兵に挑発されて、「高貴な生まれの若者ティトゥス・マンリウスが憤激し、ガリア兵に決闘を申しこんだ」。

勇壮で知られたローマ人の顔に泥を塗られたままでなるものかと、軍団の盾とスペイン風の剣で武装したマンリウスは前に歩みでた。一騎打ちの舞台はアニオ川にかかる橋の上だった。二人は正面からにらみあう。ガリア兵は伝統にのっとって盾を構え、攻撃に備える。マンリウスは勇気ひとつを頼みに、自分の盾もろとも相手に体当たりした。ガリア兵が体勢を立てなおそうとするところへ、さらに体当たりを食らわす。ついに形勢が逆転し、敵のふところに飛びこんだマンリウスは剣を相手の胸に突きたてた……マンリウスはガリア兵の首を切りおとし、その舌を引きぬくと、血まみれの舌を自分の首に巻いた。

戦士どうしの一騎打ち——ゴリアテもそれ以外の形は想像もしていなかった。そこで相手の攻撃から身体を保護するために、青銅の鱗をびっしりつけた鎧《よろい》で、上半身から腕、ひざまでおおった。その重さたるや五〇キログラムは下らなかっただろう。さらに脚にも薄い青銅板をかぶせた。かぶとも重たい金属製だ。武器は接近戦で威力を発揮するものばかりで、盾や鎧さえも突きぬける槍、腰から下げた剣、それに「柄が機《はた》の巻き棒ほどもある」短い投げ槍だった。投げ槍には紐と重りが付いていて、標的に正確に命中させることができた。歴史家モシェ・ガーシールはこう書いている。「太い柄の先に長く重たい鉄の刃がついているこの槍を、ゴリアテがその強靭な腕で投げれば、青銅の盾も鎧も突きとおすだろう。イスラエル人はそう思ったにちがいない」。これでは、ゴリアテとの一騎打ちを志願する兵士などいるはずがない。

そこに現われたのがダビデだった。サウル王は自らの剣と鎧を与えようとするが、ダビデは断る。「鎧は不慣れなので、着けると歩けません」。代わりにダビデは丸石を五個拾って肩から下げた袋に詰め、羊飼いの杖を持って谷をくだっていった。敵軍からやってきたのが百戦錬磨の戦士ではなく、貧しい羊飼いの少年だったので、ゴリアテは気分を害する。あんな粗末な杖で自分の剣と戦おうというのか。ゴリアテは言った。「棒きれ一本で向かってくるとは、犬並みの扱いだな」。

だが、伝説はそこから始まった。ダビデが革製の投石器から放った石は、ゴリアテの無防備な額に命中する。不意を突かれたゴリアテはその場に倒れた。すかさずダビデは駆けよってゴリアテの剣を奪い、ひと振りで巨人の首をはねた。「ペリシテ軍は、自分たちの勇士が殺されたのを見て、逃げ出した」とサムエル記上には記されている。

どう見ても勝ち目のない弱者が、戦いで奇跡的に勝利をおさめる。私たちは歴史を通じて、そんな逸話をいくつも語りついできた。「ダビデとゴリアテ」といえば「ありえない勝利」を意味する慣用句になっているほどだ。

必ずしも剣や槍で戦う必要はない

古代の軍隊には三種類の兵士がいた。まず馬や戦車を駆る騎兵。次に鎧を着け、剣と盾を持つ歩兵。そして三番目が擲弾兵《てきだんへい》。いまで言う砲兵で、弓や投石器を使う。投石器とは袋状になった革の両端をロープにくくりつけたもの。石や鉛球を革に入れて振りまわし、勢いがついたところでロープの片方を放すと、石が前方に飛んでいく仕組みだ。

投石器を使いこなすには高度な技術と習練が必要だが、名人が扱えば威力充分の飛び道具になった。中世の絵画には、投石器で飛んでいる鳥を射止める場面がえがかれている。アイルランドには名手が多く、はるか遠くにかろうじて見える硬貨にも命中させたという。旧約聖書の士師記《ししき》には、兵士の投げる石は「髪の毛一筋」の精度があったと書かれている。経験を積んだ投石兵であれば、二〇〇メートル離れた敵を即死させたり、重傷を負わせることもできた。[1]古代ローマ軍の兵士は、投石器の犠牲になった兵士の死体から、めりこんだ石を取りのぞく特別な石ばさみを携行していたという。たとえばメジャーリーグのピッチャーが、自分の頭めがけてボールを投げてくるところを想像してほしい。投石器の威力はおおよそそんなところだ――しかも飛んでくるのはコルクと革でできた野球のボールではなく、固い石である。

歴史学者のバルーク・ハルパーンは、古代の戦闘において投石器がこれほど重要な役割を持っていたおかげで、三種類の兵士はちょうどじゃんけんの石、紙、はさみのようなバランスを保っていたと考える。長槍と鎧で武装した歩兵は騎兵を寄せつけない。騎兵はすばやい動きで擲弾兵の攻撃をかわすことができる。重たい鎧のせいで動きがままならない歩兵は、一〇〇メートル離れた擲弾兵にとって格好の標的だった。ハルパーンは言う。「ペロポネソス戦争で、アテナイのシチリア遠征が失敗に終わったのは、まさにそれが理由だった。アテナイ軍の重歩兵が、山中で敵軍の軽歩兵が使う投石器によって壊滅させられた様子を、トゥキディデスは詳細に記録している」。

ゴリアテもまた重歩兵だった。彼が想定していたのは、自分と同じ重歩兵との一対一での戦い

(1)現代ではラリー・ブレイが一九八一年に達成した四三七メートルが世界最長記録だ。ここまで距離が伸びるとさすがに精度は落ちる。

だ。「かかってこい。おまえの肉を天の鳥や地の獣にくれてやろう」と言ってダビデをけしかけたように、相手が至近距離までやってくることが前提だった。サウル王がダビデに鎧を着せ、剣を持たせようとしたのも同じ意図からだった。

ところがダビデ本人は、決闘の決まりごとに従うつもりはさらさらなかった。羊の群れを襲うライオンや熊を倒したことがあるというダビデの主張は、自らの勇気を示すだけでなく、野獣と同じように投石器でゴリアテと戦うという意思表明だった。

ダビデはゴリアテに向かって走りだした。重たい鎧を着けていないおかげで、身軽に動くことができたのだ。そして投石器の袋に石を入れ、ぐるぐると振りまわす。その速さが一秒に六〜七回転に達したところで、ゴリアテの唯一の弱点である額めがけて石を発射した。イスラエル軍の弾道学の専門家エイタン・ヒルシュは、熟練者が三五メートル離れたところから平均的な大きさの石を発射すると、時速一二〇キロメートルの速さに達すると計算した――額に命中すれば頭蓋骨にめりこみ、即死か意識不明だ。敵の威力を奪う目的なら、現代のピストルと遜色ないだろう。ヒルシュはこう記している。「ダビデが投石器を構えてからゴリアテを倒すまで、一秒強だっただろう。その場にじっと立っていたゴリアテが、石をよける時間はなかっただろう」。

ゴリアテにはなすすべもなかった。五〇キログラムの鎧をまとって敵の攻撃を防ぎ、手に持っている槍でひと突きしてやろうと、その場に仁王立ちになっていたのだ。こちらに走ってくるダビデを見ながら、最初はせせら笑っていたにちがいない。しかし、これは自分が予想していた戦いではないことに気づくと、驚き、そして恐怖が彼の心を支配しただろう。

「おまえは剣や槍や投げ槍でわたしに向かって来るが、わたしはおまえが挑戦したイスラエルの戦列の神、万軍の主の名によっておまえに立ち向かう。今日、主はおまえをわたしの手に引き渡される。わたしは、おまえを討ち、おまえの首をはね……主は救いを賜るのに剣や槍を必要とはされないことを、ここに集まったすべての者は知るだろう。この戦いは主のものだ。主はおまえたちを我々の手に渡される」。（サムエル記上17章45〜47節）

ダビデが二度も剣と槍に言及したのは、自分の戦いかたが敵と根本的に異なることを強調したかったのだろうか。彼が石を取りだしたとき、谷の両側で成りゆきを見守っていた両陣営は、ダビデが勝つとは夢にも思わなかった。しかしダビデは、飛び道具で重歩兵を一撃のもとに倒した。

歴史学者ロバート・ドーレンベントは書いている。「ゴリアテに勝ち目はなかった。青銅器時代の戦士が剣で立ち向かうその相手が、45口径ピストルを持っていたようなものだったからだ[(2)]」。

⑵イスラエルの軍人・政治家で、一九六七年の第三次中東戦争では国防相として勝利に貢献したモーシェ・ダヤンも、エッセイのなかでダビデとゴリアテに言及している。「ダビデがゴリアテと戦ったときの武器は、劣っているどころかむしろ優秀だった。ダビデが偉かったのは、はるかに強い相手との戦いに自ら臨んだからではない。弱い者も武器の使いかたしだいで立場を逆転させ、優勢になれることを知っていたからだ」。

巨人と戦うときの教訓

ダビデとゴリアテの対決は、愚かで誤った思いこみだらけだった。そのひとつが、力に対する思いこみだ。サウル王が勝ち目はないと考えたのは、ダビデが小柄で、ゴリアテが巨人だったから。つまり腕力のあるほうが強いと信じて疑わなかった。だが力は腕力だけではない。常識をくつがえし、すばやく意表を突くことも大きな力になりうる。サウル王から時代を隔てた私たちもいまだに同じ思いこみにとらわれ、それが子どもの教育から、犯罪対策まであらゆる面に影を落としている。

だがもうひとつ、さらに根が深い問題がある。サウル王をはじめとするイスラエル人たちが、ゴリアテに対して抱いた思いこみだ。彼らはゴリアテをひと目見て無敵の戦士と判断したが、ほんとうの姿を見ぬいてはいなかった。実際、ゴリアテの行動は不思議なものだった。谷底におりてきた彼は盾持ちに前を歩かせていたのだ。盾持ちは弓兵に随行することが多い。弓矢を使っていると自分では盾で身を守れないからだ。だがこれから一対一で戦うゴリアテが、なぜ盾持ちを伴わなくてはならないのか？

それだけではない。ゴリアテはダビデに「さあ、来い」とけしかけた。なぜ自分から向かっていこうとしないのか？　旧約聖書ではゴリアテの動きの鈍さが強調されているが、無限の力を持つ勇士にしてはそれもおかしな話だ。ダビデが剣も盾も持たず、鎧も着けずに斜面を下ってきたのを見たゴリアテは、もっと早く反応できなかったのか。しかし彼はダビデの格好を不審に思うのではなく、侮辱されたと感じた。自分の置かれた状況に無頓着だったのだ。「私は犬か。杖を持って向かって来るのか」というゴリアテの発言も不思議だ。原文ではこの杖が複数形になっているが、ダビデは一本しか杖を持っていなかった。

現代医学の専門家のあいだでは、ゴリアテは先端巨大症をわずらっていたというのが定説になりつつある。脳下垂体にできた良性腫瘍によって、成長ホルモンが過剰に分泌される病気だ。ゴリアテの身体が人並みはずれて大きい理由もそれで説明できる（史上最も背の高い人間としてギネスブックに記録されているロバート・ワドローは、死亡時の身長が二メートル七二センチで、死んだあとも身長が伸びていた）。

先端巨大症の症状のひとつに視覚障害がある。脳下垂体にできた腫瘍が大きくなり、目につながる神経を圧迫することで、視野が狭くなったり、ものが二重に見えたりするのだ。だから盾持ちの兵士は、目の悪いゴリアテの先導役だったのである。ゴリアテの動きが鈍かったのも、視界がぼやけていて、ダビデが意外な戦法をとったと気づくまで時間がかかったからだ。それどころか、ダビデがすぐそばに来るまでゴリアテには見えなかったにちがいない。「かかってこい。おまえの肉を天の鳥や地の獣にくれてやろう」という言葉にも、ゴリアテの弱点が隠れていた——もっと近くに来ないと、おまえがどこにいるかわからないじゃないか、と。不可解な杖についてもこれで納得できる。ダビデが持っていた杖は一本だが、ゴリアテには二本に見えたのだ。

谷の上にいるイスラエル人たちには、ゴリアテは恐ろしい巨人に見えたことだろう。しかし実際には、ゴリアテの並みはずれた体格こそが最大の弱点だった。どんなに強そうでも、見た目ほど強いとはかぎらない——これはあらゆる巨人と戦うときに役だつ大切な教訓だ。

ダビデは勇気と信仰を原動力としてゴリアテに向かっていった。ゴリアテは身体が大きいばかりで動きもままならず、視界も悪い。何が起こっているのかわからないまま、ゴリアテは倒されたのだ。だが私たちは、長年この逸話を誤った形で理解してきた。それを正しく語りなおしていこうというのが、この本だ。

逆転！ 強敵や逆境に勝てる秘密 目次

第2章　貧しい家の子が勝つには　43

第2部　望ましい困難　97

第4章　識字障害者《ディスレクシア》が勝つには　98

第5章 親に先立たれた子が勝つには 122

第6章　マイノリティの人種・民族が勝つには　159

第3部　力の限界　183

逆転！

強敵や逆境に勝てる秘密

DAVID AND GOLIATH
UNDERDOGS, MISFITS, AND THE ART OF BATTLING GIANTS

Japanese translation rights arranged with
Pushkin Enterprises, Inc. ℅ Janklow & Nesbit Associates
through Japan UNI Agency, Inc., Tokyo.

第1部

不利は有利で、有利は不利

強い相手と一戦交える場合、
かならずしも相手と同じ土俵で戦う必要はない。
視点を変えて眺めてみると、
相手は実際には「それほどでもない」ことがある。
大事なのは自分の得意な戦法で戦うことだ

第1章

弱小チームが勝つには

相手と同じ戦略で戦う必要はない

素人集団は、なぜ全国大会に進出できたのか

ヴィヴェック・ラナディヴェは、娘のアンジャリが入っているジュニアのバスケットボールチームの監督になったとき、二つのことを決めた。ひとつは決してどならないこと。ジュニアチームというと選手のほとんどは一二歳前後。それぐらいの年代の子は、どなりつけても言うことを聞くはずがない。ソフトウェア会社を経営していたラナディヴェは、ビジネスのときと同じ態度で臨むことにした。少女たちの道理と良識に働きかけて、冷静かつ穏やかに自分の考えを伝え、説得していくのだ。

もうひとつの方針はさらに重要だった。アメリカ人が大好きなバスケットボールだが、インドのムンバイ出身で、クリケットとサッカーで育ってきたラナディヴェには理解できなかった。初めて試合を見たとき、こんなバカなスポーツはないと思ったほどだ。得点したチームがただちに自陣に戻って、敵がエンドラインからボールを入れ、ドリブルして上がってくるのを待つのだ。

バスケットボールのコートは縦が二八メートルあるが、防御するのはそのうち七メートル分だけで、残り二一メートルはがら空きだ。たまにフルコートプレスといって、相手の前進を徹底的に阻むこともあるが、せいぜい数分間しか続かない。バスケの世界には、ゲームの進めかたについて暗黙の了解があるようだ。それが強いチームと弱いチームの差を広げているのではないか――ラナディヴェはそう考えた。強いチームは選手の身長が高く、ドリブルもシュートもうまい。敵陣でもきちんと動きを組みたてられる。なぜ弱いチームはそれができないのだろう？

ラナディヴェはあらためて自分のチームの選手たちを眺めてみた。モーガンとジュリアはいい選手だが、ニッキー、アンジェラ、ダニ、ホリー、アニカ、それにわが娘のアンジャリはバスケットボールをやるのも初めてだった。身長もなければ、シュートもへたくそ。ドリブルもおぼつかない。放課後に校庭で毎日ゲームをするタイプでもなかった。当時ラナディヴェが住んでいたのは、カリフォルニアのシリコンバレーの真ん中にあるメンローパークだ。チームのメンバーは、みんな親がコンピューター技術者やプログラマーで、本人たちも科学の自主研究をしたり、難しい本を読みふけったり、将来は海洋生物学者になることを夢見るような子ばかりだった。バスケに情熱を注いでいる子たちとまともに戦っても、勝てるはずがない。

ラナディヴェが一七歳でアメリカに渡ったとき、ポケットには五〇ドルしか入っていなかった。そこからのしあがってきた彼は、おいそれと負けるわけにいかない。こうして二番目の方針が固まった――どの試合でも、徹頭徹尾フルコートプレスでいく。ラナディヴェのチームは、全国大会に進出した。娘のアンジャリは言う。
「ほんとうに運が良かった。父はバスケットボールなんてズブの素人だったから」

驚くべき、小国の勝率

過去二〇〇年に起きた大国と小国の紛争の勝敗表をつくってみよう。人口および兵力に、少なくとも一〇倍の開きがあることが条件だ。ほぼすべての人が、大国の勝率は一〇〇パーセントに近いと予測するはずだ。一〇倍の開きはそう簡単に埋まらない。だが、正解を知ると、誰もが腰を抜かすにちがいない。政治学者アイヴァン・アレグィン＝トフトがはじきだした結果は、七一・五パーセント。三分の一弱の戦いで、小国が勝利している。

アレグィン＝トフトはさらに、弱いほうがダビデになったとき、つまり大国と同じ土俵に乗らず、常識はずれのゲリラ戦法を採用した場合も計算した。すると小国の勝率は、二八・五パーセントから六三・六パーセントに跳ねあがった。たとえばアメリカの人口はカナダの一〇倍だ。もし両国が戦争になり、カナダが型破りな作戦を採用したら、カナダ勝利に賭けたほうがいいということになる。

弱者が勝つことはありえない――私たちはそう思っている。だからこそ、ダビデとゴリアテの逸話は時代を超えて人びとの心を打つのだ。しかしアレグィン＝トフトの試算は、むしろその逆であることを示している。ではなぜ私たちは、ダビデがゴリアテを倒すたびに驚くのか。小さくて貧しくて未熟な者は、ぜったいに不利だと決めてかかるのだろう？

アレグィン＝トフトは「勝利した弱者」を数多く紹介しているが、そのひとりがＴ・Ｅ・ロレンス、つまりアラビアのロレンスである。第一次世界大戦末期、オスマン帝国に対するアラブ人の反乱を指揮した人物だ。反乱を支援するイギリスのねらいは、ダマスカスからヒジャーズ地方に伸びる鉄道を破壊することだった。

それはあまりに無茶な任務だった。近代化された強大なオスマン軍に対し、ロレンスが率いていたのは扱いにくい遊牧民ベドウィンの集団だった。イギリス軍司令官のひとり、サー・レジナルド・ウィンゲートは、彼らのことを「小銃ひとつ撃ったことのない素人集団」と評した。だがラクダに乗ったベドウィンたちは屈強で、機動力があった。武器は小銃一丁に銃弾一〇〇発、食料は小麦粉二〇キログラムだけで、夏でも一日一八〇キロ砂漠を移動することができた。携行する飲み水は五〇〇ミリリットルほど。なぜなら砂漠の井戸を容易に見つけられるからだ。ロレンス自身はこう書いている。

「われわれのカードは打撃力ではなくスピードと時間だった。われわれにとって最大の武器は部族民だった。戦争を戦った経験こそないが、動きがすばやい。忍耐力があり、ひとりひとりが聡明で、現地の状況を知りつくしており、勇気があった」

一八世紀フランスの軍人モーリス・ド・サックスは、戦争は腕ではなく足でやるものだと言ったが、ロレンスの兵士たちには足しかなかった。そんな彼らが行なった破壊工作を、一九一七年春に限って見てみよう。

三月二四日　ブアイル

線路六〇ヵ所をダイナマイトで爆破、電信線を切断。

三月二五日　アブ・アル・ナーム

列車を妨害、線路二五ヵ所を破壊。

三月二七日　イスタブル・アンタル

線路一五ヵ所を爆破、電信線を切断。

三月二九日　オスマン軍守備隊を襲撃、列車を脱線させる。

三月三一日　ブアイル

鉄道をふたたび破壊。

四月三日　ヘディア

線路一一ヵ所をダイナマイトで爆破。

四月四、五日　ワジ・ダイジ

列車を襲撃。

四月六日

二度にわたって攻撃。

ロレンスの戦いの白眉はアカバ港襲撃だった。オスマン軍は、西のアカバ湾で警戒するイギリス軍艦隊が攻撃してくるものと思いこんでいた。そこでロレンスは、無防備だった東側の砂漠から接近しようと考える。そのためにヒジャーズから北上してシリア砂漠に入り、ダマスカス郊外をかすめたあとアカバに向けて南下するという、九六〇キロもの迂回作戦を敢行した。季節は夏、しかも中東で最も過酷な環境の地域である。この壮大な回り道は、オスマン軍の目をくらますためだった。「この年、谷間にはツノクサリヘビ、パフアダー、コブラ、クロヘビが這いまわっていた」。ロレンスは著書『知恵の七柱』（『完全版　知恵の七柱２』東洋文庫、二〇〇八年）のなかで、そのときのことを記している。

暗くなってからは、うかつに水を汲むこともできなかった。ヘビが池を泳いでいたり、水際でとぐろを巻いているからだ。コーヒーを飲みながら討議している私たちを、二匹のパフアダーが襲った。嚙まれた者のうち三人が死に、四人は恐怖と苦痛にさいなまれながらも回復した。ホウェイタット族の連中は、嚙まれた男の腫れあがった脚をヘビ皮で縛りあげ、息を引きとるまでコーランの一節を読みあげた。

アカバの戦いで、ロレンスが率いる数百人のアラブ戦士は一二〇〇人のオスマン軍を壊滅させ、自分たちは二人しか失わなかった。背後の砂漠から攻撃してくるとは、オスマン軍にとって完全に想定外だったのだ。

ロレンスのアラブ部隊は「素人集団」であり、兵力、武器、物資のすべてで上回っていたオスマン軍は圧倒的に有利だったはずだ。ところがその有利な立場のせいで、彼らは機動力を失い、守りに入った。いっぽう動きがすばやく、忍耐力があり、ひとりひとりが聡明で、現地の状況を知りつくし、勇気だけは誰にも負けなかったアラブ人は、東側からアカバを攻めるという不可能を可能にした。戦いにおいて物資の充実は有利な条件だが、反対に「ないないづくし」が有利に働くこともある。

だが実を言うと、これは私たちにとって容易には受けいれられない教訓だ。私たちが持っている「有利と不利」の定義はとても狭く、硬直している。そのため、ほんとうは役に立たないものを高く評価したり、力と知恵を授けてくれるものを無用と切りすてたりしている。

本書の第1部では、そんなゆがみの弊害を探っていこう。相手が巨人だと知ると、条件反射的にこの戦いは負けだと思ってしまうのはなぜなのか。ダビデやアラビアのロレンスのように、従来の型にとらわれない発想はどうやったらできるのか。これから見ていくヴィヴェック・ラナディヴェも、それができたひとりだ。

素人監督が採った戦略

ヴィヴェック・ラナディヴェが監督をすることになったバスケットボールチームは、ナショナル・ジュニア・バスケットボール（ＮＪＢ）リーグの七・八年生の部で、地元レッドウッド・シティの代表だった。サン・カルロス近くのペイズ・プレイスという体育館が練習場所だ。ラナディヴェはバスケットボールのプレー経験が皆無だったため、二人のコーチを招いた。ひとりはロジャー・クレイグ。ＮＦＬ（全米プロ・フットボール・リーグ）で活躍したランニングバックで、引退後はラナディヴェのソフトウェア会社で働いていた。そしてクレイグは、大学でバスケットボールをやっていた娘のロームトラもコーチに呼んだ。ロームトラは、相手チームのエースをガードして無力化させるのが得意なプレーヤーだった。アンジャリは言う。「ロームトラはお姉さんみたいな存在でした。彼女が来てくれてほんとうに良かった」。

レッドウッド・シティ代表チームの戦略は、二つの時間ルールを意識したものだった。ひとつはスローインの五秒ルールだ。バスケットボールでは得点が入ったあと、ゴールされたほうのチームがエンドライン外から五秒以内にスローインして試合が再開される。五秒を過ぎるとボールは相手方にわたるが、ふつうはそういうことは起こらない。スローインのとき、相手チームは自陣に戻ることを優先し、積極的にボールを取りに行くことはないからだ。しかしレッドウッド・シティはちがった。スローインする選手の前に陣どって、いきなりボールをカットするのだ。エース選手のディフェンスを厚くした。

ラナディヴェは言う。「アメリカンフットボールなら、クォーターバックはボールを持ったままずっと走れるし、広いフィールドのどこにボールを投げてもいい。それでもパスを通すのはすごく難しい」。バスケットボールはコートも狭いし、五秒ルールがある。ボールも大きくて重たい。レッドウッド・シティと対戦したチームは、リスクを恐れない積極的な戦略にとまどった。スローワーは五秒以上ボールを持ってしまったり、焦ってとんでもない方向に投げたりして、やすやすとボールを奪われてしまったのだ。

もうひとつの時間ルールは、守備から攻撃に切りかわったとき、八秒以内にセンターラインを超えてフロントコートに入らなければならないというものだ。相手が五秒ルールをクリアしてスローインが決まったとき、次に注意を向けるのはこの八秒ルールである。レッドウッド・シティの選手たちは、スローインのボールを受けとった相手チームの選手に襲いかかって、「トラップ」する。アンジャリはこのトラッパーの役目だった。長い腕を大きく広げて、もうひとりの選手と二人で妨害にかかる。それでボールを奪えることもあるし、相手選手がパスに失敗することもある。身動きがとれずに立ちつくすと、制限時間が過ぎて審判が笛を吹く。

アンジャリは振りかえる。

「最初はみんな何もわからなかったから、試合のあいだパパがずっと言ってたの。きみたちの仕事は相手選手をガードして、スローインのボールをキャッチさせないことだって。ボールを奪うのって最高に気持ちいい。プレスをかけてボールを奪う。それを何回も何回も繰りかえすの。そのうち相手がイラついてくる。うちよりはるかに上手で、年季を積んだチームにも勝てたわ」

レッドウッド・シティは、4—0、6—0、8—0、12—0と完封勝ちが多かった。25—0で勝ったこともある。敵陣のゴール下でボールを奪い、そのままジャンプしてシュートすることが多いからだ。技術と練習が必要なロングシュートなど、はなから挑戦しない。そのシーズンにレッドウッド・シティが負けた数少ない試合のひとつは、選手が四人しかいなかったときだ。それでも彼女たちは果敢にプレスをかけ、三ポイント差で惜敗した。

ロームトラ・クレイグはこう解説する。「ディフェンスをきっちりやれば、アウトサイドからシュートできる選手がいないとか、高さが足りないといった弱点を隠せるんです。相手ボールを奪ったり、ゴール下からシュートもできる。うちがリーグ最強のチームでないことは、選手にもはっきり言ってました。彼女たちは、それぞれの役割をきちんと理解していたんです」。一二歳の少女たちは、慕っているロームトラのために戦ったのだ。

ロレンスが攻撃したのはオスマン軍の弱いところ、つまり鉄道のルートのなかでも警備が手薄な辺境地だった。レッドウッド・シティが攻撃したのも、強豪チームも弱小チームも同じぐらい手薄になるスローインだ。ダビデは敗北必至の接近戦を避けた。充分な距離を置いて、谷間全体を戦いの舞台に利用したのだ。レッドウッド・シティも同じだった。二八メートルのコート全体にディフェンス網を張りめぐらせた。フルコートプレスに必要なのは腕ではなく足だ。技術不足を努力で補える。ロレンスが率いたベドウィンたちのように、経験はないが機動力と忍耐力があり、ひとりひとりの知性が高いチームのための戦略だった。

「へとへとでしたよ」。ロジャー・クレイグは、チームが優勝したシーズンを回想しながら言った。会社の会議室で、ラナディヴェはホワイトボードを使ってプレス戦術を事細かに説明した。

「うちの子たちはよそよりも体力をつける必要があった」とラナディヴェ。

「そう、彼は選手たちを徹底的に走らせた」。クレイグもうなずく。

ラナディヴェはこう続けた。「練習はサッカー式でやった。走って、走って、また走る。ひたすら走りこむ。細かいテクニックを教える時間はなかったから、体力をつけて、ゲームの基本を理解させることを徹底した」。

ラナディヴェの父親はパイロットで、国の航空安全政策に異を唱えて投獄された経験がある。ラナディヴェがMIT（マサチューセッツ工科大学）に進学を決めたのは、テレビのドキュメンタリーを見てここしかないと思ったからだった。当時は一九七〇年代で、大学生が留学するには外貨持ち出し許可が必要だった。ラナディヴェはインド連邦銀行の総裁室に通いつめて、ようやく必要な資金を手にすることができた。やせ型で冷静沈着、動作がゆっくりのラナディヴェは、のんびりした人柄に見られがちだが、実はそうではない。ラナディヴェ家の人間は一度食らいついたら放さないしつこさが身上なのだ。

ラナディヴェはクレイグにたずねた。「うちのチームのかけ声はどういうんだっけ？」。

二人はしばらく考えていたが、同時に思いだして声をそろえた。

「一、二の、三で、やる気を見せろ！」

他のチームより汗をかく。その心意気がレッドウッド・シティの拠《よ》りどころだった。

弱者が勝利するためには

一九七一年一月、フォーダム大学のバスケットボールチーム、愛称ラムズが、マサチューセッツ大学のレッドメンと対戦した。試合はマサチューセッツのホームであるアマーストのケージ・アリーナで、一九六九年一二月以来レッドメンが無敗というういわくつきのスタジアムだった。レッドメンの当時のスターは、その後プロ選手として一世を風靡《ふうび》するドクターＪことジュリアス・アーヴィング。そのほかにもレッドメンには精鋭がそろっていた。対するフォーダム大学はというと、ブロンクスやブルックリン出身の血の気の多い連中ばかりだった。そのうえ練習開始から一週間で、センターがひざの靱帯を損傷して離脱。チームでいちばん背が高い選手でも、一九五センチしかない事態になった。通常はセンターの身長レベルに合わせるスターティング・フォワードも、一八八センチしかない。ところがラムズは、試合開始と同時にフルコートプレスをかけ、その手を決して緩めなかった。当時ラムズの監督だったディガー・フェルプスはこう回想する。「自分たちは13―6でリードする状況になった。そこからはもう戦争だったね。縦二八メートルのコートをいっぱいに使ってプレーした。そのうち脚が折れるんじゃないかと思った」。

ラムズの選手はアイルランド系やイタリア系ばかりだ。無尽蔵のスタミナを持つ彼らを、フェルプスはひとりずつアーヴィングのガードに付けた。むろん彼らがアーヴィングにかなうはずもなく、ひとり、またひとりとファウルで退場になっていく。だがそれで良かったのだ。試合は87—79でラムズが勝利した。

バスケットボールの世界には、ダビデがフルコートプレスでゴリアテを負かしたような劇的な試合がいくつもある。ならばこの戦術がもっと採用されてしかるべきだが、現実はそうではない。ラムズのフェルプス監督も、そのシーズンは二度とフルコートプレスをしなかった。ホームで敗北する屈辱を味わったマサチューセッツ大学のジャック・リーマン監督も、フルコートプレスはやっていない。なぜかというと、この戦術は鉄壁ではないと思われているからだ。ボール扱いに熟練し、鋭いパス嗅覚を持つ選手をそろえ、戦いかたを徹底させれば容易に破ることができる。

たしかに相手チームは猛烈なプレスバックを仕掛けてきて、レッドウッドの選手はなかなか対応できなかった。とはいえレッドウッドもラムズも、ふつうに戦ったのでは三〇ポイント差で大敗していたはずだ。弱いダビデがゴリアテを倒すには、フルコートプレスしかなかった。だから弱小チームはどこもそうすればいいのに、なぜやらないのか?

政治学者アレグィン=トフトは、この疑問につながる奇妙なパターンを発見していた。負け犬がダビデのように戦えば、たいてい勝利する。だがダビデのように戦う負け犬はめったにいないのだ。アレグィン=トフトによると、戦力に極端に差があった紛争二〇二件のうち、弱い側が真っ向勝負を挑んだものは全部で一五二件——そして一一九件で敗北した。一八〇九年、スペインの植民地だったペルーは宗主国に反旗を翻して鎮圧された。一八一六年、グルジア人はロシアに戦いを挑んで失敗した。一八一七年、インドのピンダリ族はイギリスに抵抗して負けた。一八一七年、スリランカのキャンディで起きた反乱はイギリスに制圧された。一八二三年、宗主国イギリスと戦ったビルマ人は叩きつぶされた。挙げていくときりがない。一九四〇年代、ベトナムの共産主義勢力は宗主国フランスを苦しめたが、一九五一年にヴォー・グエン・ザップが通常戦争に路線変更したとたん負けが込みはじめた。アメリカ独立戦争でも、初期にはゲリラ戦術があれほど成果をあげていたにもかかわらず、ジョージ・ワシントンが方向転換してしまった。ウィリアム・ポークは、型破りな戦争を取りあげた著書『バイオレント・ポリティクス』でこう書いている。「ワシントンはイギリス式の軍隊、すなわち大陸軍の整備に精力を注いだ。その結果、戦況がどんどん不利になって敗北寸前まで追いこまれた」。

なぜそんなことをと思うが、ロレンスがアカバをめざした砂漠の大行軍と比較すれば納得がいく。毒ヘビが出る砂漠をラクダで九六〇キロも移動するより、兵士におそろいの軍服を着せ、鼓笛隊に合わせて行進させるほうがずっと簡単だ。相手選手に群がり、腕を振りまわしてブロックし、コートいっぱいを走りまわるよりも、得点が入ったら所定のポジションに戻り、決められたプレーをするほうが楽だし、満足できる。つまり弱い者の戦いかたは、非常に大変なのだ。

フォーダム大学の伝説的な勝利を教訓にした人物がいるとしたら、それはマサチューセッツ大学のガードだったリック・ピティーノだろう。当時一年生だった彼は出場できず、目を丸くして試合を見ていた。そのときのことは選手ひとりひとりの名前まではっきり覚えている。「あんなプレスをかけてくるチームは見たことがなかった。一八〇センチちょっとから、せいぜい一九五センチまでしかない五人が、コート全体をカバーしていたんだ。それでもアウェイで勝ち目があるとは思えなかった。あの試合で多くを学んだよ」

一九七八年、二五歳のピティーノはボストン大学バスケットボール部のヘッドコーチに就任する。彼はフルコートプレス戦術で、二四年ぶりにNCAA（全米大学体育協会）が主催する男子バスケットボール・トーナメント出場を果たした。次にヘッドコーチを務めたプロヴィデンス・カレッジは、前年の成績が一一勝二〇敗とさんざんだった。選手は身長が不足し、才能もまるでなかった――フォーダム大学のラムズそのままだ。それでも選手たちはひたすらプレスをかけつづけ、その年はナショナル・チャンピオンシップ出場権まであと一歩という快進撃を見せた。

「毎年たくさんの監督にプレスを指導している」とピティーノは言う。いま彼はルイヴィル大学のヘッドコーチだ。ゴリアテを倒したい多くのダビデたちが、ルイヴィル詣でをしてくる。「彼らはそれぞれのチームに戻ったあと、メールで相談してくるんだ。選手の体力がもつかどうか心配だってね」。ピティーノは苦笑いする。「うちは毎日二時間練習してる。そのあいだ、選手の足が止まっている時間は二パーセントあるかないかだ。話もほとんどしない。一回の注意は七秒間までだ」。見学に来た他校の監督たちは、中断なく続くきつい練習を見て、死にものぐるいの様子を実感する。そう、ダビデのように戦うには死にものぐるいでなくてはならないのだ。相手よりはるかに劣っている以上、ほかに選択肢はない。だがよその監督は、うちのチームはそこそこ優秀だと思っているから、こんな練習に選手はついてこないと感じてしまう。死にものぐるいになっていないのだ。

ラナディヴェはどうだったかって？　もちろん彼も必死だった。パスもダメ、ドリブルもシュートもダメダメな女の子たちなんて、最悪の条件だからだ。でも実際はそうではなかった。彼女たちを勝利に導いた戦略は、ダメダメだったからこそ可能になったのだ。

既存の決まりごとに挑戦すべし

レッドウッド・シティが勝ちはじめたとき、他校チームの監督はアンフェアだと腹を立てた。バスケのイロハを覚えたばかりの一二歳の少女たちに、フルコートプレスをかけるなんて。バスケットボールのスキルを学ぶことが、ユースレベルの最大のねらいだろう。レッドウッド・シティのあれは、バスケットボールなんかじゃない。だが一二歳の少女たちは、もっと大切なことを学んでいたはずだ――努力は能力に勝ること、そして既存の決まりごとには挑戦するべきだということ。けれどもほかの監督たちはそこまで考えを掘りさげることをせず、レッドウッド・シティに一方的にやられたのだった。

「駐車場でケンカを売られたことがあったよ」とラナディヴェは振りかえる。「アメフトとバスケの選手経験がある身体のでかいやつでね。外国から来たやせっぽちの男に試合で負かされたものだから、そいつをやっつけてやれと思ったんだろう」。

ロジャー・クレイグは試合のたびに、すさまじい光景を目にした。「相手チームの監督は、選手たちをどなり、ひどい言葉を浴びせた。審判にも『ファウル、ファウル！』としつこく主張するんだ。だけどこっちはファウルなんかしてない。攻撃的ディフェンスをしてただけだ」。

「イースト・サンノゼのチームと試合をしたときのことだ」とラナディヴェが話を引きついだ。「競技経験が何年もあって、バスケをするために生まれてきたような子たちだった。それでもうちは相手を圧倒して、スローインさえもカットした。監督は頭に血がのぼって、椅子を投げとばし、選手たちをどなりつけた。そんなことをされたら、子どもたちは萎縮するに決まってる。とうとう審判が監督を退場処分にした」

高度な技能を身につけ、それを試合で発揮できるかどうかが、優れたバスケットボール選手の条件だ。しかし相手にがむしゃらに向かってこられると、優秀な選手たちはガタガタになった。身体の動きがちぐはぐになり、パニックになって、何でもないボールなのにキャッチに失敗した。敵をそんな風にひっかきまわすことができたのも、主流派に属さない人間――バスケなんて見たこともなかったインド人とか、ベンチを温めていたニューヨーク生まれの新人とか――が常識はずれの大胆な戦法をとったからだ。

T・E・ロレンスもイギリス軍将校としてはかなり異質な存在だった。士官学校を優秀な成績で卒業したわけではない。専門は考古学で、上官に呼ばれたときもベドウィンのローブにサンダル姿で出向くような男だった。アラビア語をネイティブ並みに操り、ラクダを完璧に乗りこなす。エリート軍人たちに素人扱いされても、まったく意に介さなかった。彼自身が軍人階級に意味を見いだしていなかったからだ。ここにもダビデがいたのである。ダビデは羊飼いだった。古代世界では最も下層に属する職業だ。彼もまた戦争の細かい流儀には無縁だった。

名声があって、富があって、エリートに属していれば、どんなにいいだろう――私たちはそんな想像をたくさんしてきた。しかしそうした好条件が選択肢を減らしていることには、なかなか考えが及ばない。試合でコートサイドに立つラナディヴェに、相手チームの親や監督は侮辱的な言葉をさかんに浴びせる。ふつうなら不愉快で顔をしかめるところだが、ラナディヴェは平気だった。バスケットボールに素人の自分がここに立っているのは、偶然の結果だ。バスケ界の連中にどう思われようと、痛くもかゆくもない。そんな素人が実力ゼロの少女たちを率いているのだ。最初から負け犬だったラナディヴェには、誰も思いつかなかったことを試す自由があった。

戦いの結末

全国大会に進んだレッドウッド・シティは、最初の二試合を勝利で飾った。三試合目の相手はオレンジ郡のチームだったが、試合会場は敵のホームで、しかも審判まで自前で用意されてしまった。さらに試合開始は午前八時。レッドウッドの選手たちは渋滞を避けるために午前六時にホテルを出発しなくてはならなかった。そこからはケチのつきどおしだった。審判はスローインをカットするのはバスケットボールではないと考えていたため、そのたびにファウルをとった。「タッチファウルだ。いちばんつまらないファウルだよ」。クレイグはそのときのことを思いだすのもつらそうだった。「審判がうちにとったファウルは相手の四倍にもなった」とラナディヴェも言う。観客席からのブーイングもすさまじかった。とうとうレッドウッドは退場者を出してしまう。それでも勝つチャンスはあったが……。

ラナディヴェはフルコートプレスをやめるよう指示を出した。他に選択肢はなかったのだ。レッドウッドの選手たちは自陣に引き、敵が攻めてくるのを待ちうけた。コート全体を走りまわったりせず、ボールを持つたびに足を止めて次にどうするか考えた。つまりバスケットボールはこうあるべきというプレーをやったのだ。結果は――負けだった。だがもう充分だった。ゴリアテは誰もが思っているほど巨人ではないことがわかったから。

第2章　貧しい家の子が勝つには

裕福な家庭の子にハングリー精神は宿るか

入学させますか？

コネティカット州シェポーバレーにミドルスクールができたのはベビーブームのころ。当時は毎朝スクールバスから三〇〇人もの子どもたちが吐きだされていた。校舎の扉がすべて二重だったのは、子どもたちが出会いがしらにぶつからないようにという配慮だった。廊下の混雑ぶりは、渋滞の国道のようだった。

だがベビーブームはとっくの昔に終わった。植民地時代から続く村々が点在し、田舎道がゆるやかにうねる牧歌的な風景に、ニューヨークの富裕層が目をつける。地価が上昇して、若い家族はシェポーに住めなくなった。ミドルスクールの生徒数は二四五人に減り、ついには二〇〇人と少しにまで落ちこんだ。小学校の児童数から予測すると、まもなくその数は半分に減るだろう。一クラスの人数は全国平均を大幅に下回ることになる。かつては子どもたちが押しあいへしあいしていたのに、すっかりこぢんまりした学校になってしまった。

そんなシェポーバレー・ミドルスクールに、あなたは自分の子どもを入学させますか？

「クラス人数と成績」の驚くべき関係

ヴィヴェック・ラナディヴェとレッドウッド・シティのエピソードは、私たちが「有利・不利」と思うことがかならずしもそのとおりでないことを教えてくれた。この章と次章では、一見すると単純な二つの教育問題でそのことを考えてみたいと思う。「一見すると」と書いたのは、実は見た目とは裏腹にまったく単純ではないからだ。

さて、ふつうの親なら誰でもシェポーバレー・ミドルスクールにわが子を入れたいと思うはずだ。世界中どこの国でも、一クラスの人数は少ないほうがいいとされている。ここ数年、一クラスの人数を減らす試みに、アメリカをはじめ、イギリス、オランダ、カナダ、シンガポール、韓国、中国など多くの国が取りくんでいる。カリフォルニア州のすべての学校で一クラスの人数を減らすと宣言した知事は、三週間で支持率が二倍に跳ねあがった。それを受けて二〇の州で知事が同様の宣言を行ない、ついにはホワイトハウスまでが少人数クラスに向けた政策を打ちだした。世論調査では、教師の給与を引きあげるより、少人数クラスの実現に税金を使うべきだという回答が七七パーセントに達した。このアメリカで、国民の七七パーセントから同意を得られることがほかにあるだろうか。

ベビーブームのころ、シェポーバレーの一クラスの人数は二五人だった。いまは一五人だ。ふつうに考えれば、二五人より一五人のほうが教師の目が届くし、教師の目が届いたほうが学習の質もあがる。結果として生徒の学力は、混みあっていた時代より高くなる――はずだ。

それが正しいかどうかを確かめる明快な方法があった。コネティカット州には、シェポーバレーと同じような学校がたくさんある。もともと小さい町が多いので、出生率や地価の変動の影響を受けやすい。ある学年の生徒数ゼロという年があったかと思うと、翌年は教室が満杯になることもある。一例として、コネティカット州のあるミドルスクールで、五年生の人数を年ごとに追うとこうなっている。

1993年	18人
1994年	11人
1995年	17人
1996年	14人
1997年	13人
1998年	16人
1999年	15人
2000年	21人
2001年	23人

2002年	10人
2003年	18人
2004年	21人
2005年	18人

二〇〇一年に二三人だった五年生が、翌年はたった一〇人になってしまった。もちろん学校の状況に変化はない。校長以下教師の顔ぶれはいっしょだし、校舎も使う教科書も同じだ。町の人口に大きな変動はなく、経済状況も変化なし。ちがうのは五年生の数だけだ。したがって二〇〇二年度の五年生の成績が二〇〇一年度より明らかに向上していたら、クラスの規模が関係していたと言えるだろう。

これがいわゆる「自然実験」だ。科学者は自らの仮説を立証するために実験を組みたてるが、あえてそうしなくても、仮説の真偽をたしかめられる社会状況が出現することがある。ではコネティカット州ではどうだろう? 経済学者のキャロライン・ホクスビーは、コネティカット州内のすべての小学校を対象に、少人数クラスとそうでないクラスの生徒の成績を比較した。結果は——差はなし。ホクスビーは書いている。「政策の変更後、統計的に有意な差が出なかった例はたくさんある。今回の研究でも、差はゼロに近い予測だったが、結果は完全にゼロ。つまりちがいはまったくなかったのである」。

クラス人数と成績の関係を調べた研究は、ホクスビーのほかに何百件とある。そのうち、少人数のほうが成績が良いことが統計的に裏づけられた研究は全体の一五パーセントを占めていた。反対に成績が悪くなっていた研究も一五パーセント。二〇パーセントは成績に差はなかった。残りは明確な結論を出せるほど差がつかなかった。

別のある研究では、次のような結論に達している。

オーストラリア、スコットランド、アメリカ合衆国では、識別戦略から引きだされた推測がきわめて不明確であり、クラス規模の影響について断定することはできなかった。ギリシアとアイスランドでは、僅差で小規模クラスが有利という結果になった。数学と科学の指導に見るべき差が現われたのはフランスだけである。ただし数学ではクラス規模に関して統計的に有意な効果が見られたものの、科学ではそれに相当するほどの影響はなかった。数学と科学の両方でクラス規模の効果が明確に確認できたのは、ベルギーの二種類の学校システム、それにカナダ、チェコ共和国、韓国、ポルトガル、ルーマニア、スロヴェニア、スペインだった。また日本とシンガポールでも、クラス規模と成績に明らかな相関関係が見られた。

つまり一六の国と地域から集めた生徒の成績データをひとつひとつ調べた結果、「僅差」でクラス規模の効果が見られたのはギリシアとアイスランドだけだったということだ。

アメリカでは少人数クラスを求める声を受けて、一九九六年から二〇〇四年までに二五万人の教師が新規採用された。同じ時期、生徒ひとり当たりの教育支出は二一パーセント増加しているが、それはほとんど教師の増員分だ。これほど短期間に人数も予算も伸びた職種は、世界中どこを探してもないだろう。そして他の国々もアメリカに続いた。教師がきめ細かく生徒に対応できる、そんな学校でわが子を学ばせたいと親たちは思うからだ。ところがデータを見ると、そんなすばらしい利点が、ちっとも利点でなかったのである(1)。

大いなる矛盾

いつだったか、ハリウッドの有力者からミネアポリスでの子ども時代の話を聞いたことがある。彼は冬になると、近所の舗道や車寄せの雪かきを引きうけてお駄賃をもらっていたという。そのうち、彼は近所の子どもたちに雪かきを下請けさせるようになった。報酬はその場で現金払いだ。そうしないとまともに働かないことを彼は知っていた。八歳か九歳にして、早くも人を使って仕事をすることを学んでいたのだ。同様の手口で、秋は落ち葉集めに精を出したという。「仕事のできばえはかならず自分の目で確かめたよ」と彼は当時のことを話してくれた。「手抜きをするやつはかならずいたが、そいつらはクビにした」。

こうして一一歳になったとき、彼の銀行口座には六〇〇〇ドル貯まっていた。一九五〇年代の話だから、いまの価値に直すと五〇〇〇〇ドルぐらいだ。「どこかに行きたいとか、そういう目的があったわけじゃない」と彼は肩をすくめた。それはそうだ。たかだか一一歳の少年に、そんな明確な目的があるはずがない。「金《カネ》を使うのはバカでもできる。けれども金を稼ぎ、あとの楽しみのためにとっておくことで、金銭の価値観が養われるんだ」。

彼が住んでいた界隈は、いわゆる「混在地域」と呼ばれるところだった。彼自身も公立学校に進み、服はお下がりばかり。父親は大恐慌を経験した人で、お金のことも子どもに隠したりしなかった。ランニングシューズや自転車を買ってほしいとねだると、半額負担しろと言う。息子が明かりをつけっぱなしにすると、電気代の請求書を見せて言いきかせる。「いいか、これが電気料金だ。おまえが横着をしてスイッチを切らないと、その分まで払わなくちゃならん。だが勉強するのに明かりが必要なら、二四時間つけっぱなしでもいい」。

一六歳の夏、彼は父親が経営する金属スクラップの会社で働いた。父親は息子だからと特別扱いはせず、ほかの従業員と同じように扱った。

「仕事があまりにきつくて、ミネアポリスからぜったい出てやると思った。父親のもとで、あんなに退屈できつい汚れ仕事なんてできないとね。働いたのは五月一五日から、九月の最初の月曜

(1)クラス人数と成績の関係を調べた膨大な研究を、教育経済学者エリック・ハヌシェクが著書『クラス規模の真実 The Evidence on Class Size』で徹底的に分析している。そのなかでハヌシェクは次のように記している。「学校をめぐる問題で、クラス規模ほど多くの研究で取りあげられたものはない。本研究もすでに開始から何年も経過しているが、成績との一貫した関係を信じるに足る理由は見つかっていない」

日まで。いくら洗っても汚れが取れなかった。いま振りかえると、それが父のねらいだった。自分のもとで仕事をさせれば、ここで埋もれるのではなく、外に出ていくだろうと計算したんだ」

大学に入った彼はさっそくクリーニング取次業を始める。金持ちの同級生がクリーニングに出す洗濯物を集め、できあがったものを届けるのだ。さらには学生のヨーロッパ旅行のために、飛行機のチャーター便も飛ばした。バスケットボールの試合を見ようと思って買ったチケットは、柱でコートが見えない最悪の席だった。コートサイドの特等席で見たいものだと思った彼は、ニューヨークのビジネススクールとロースクールで学ぶ。卒業後はハリウッドに職を得て、次々と大きな仕事を手がけるようになった。大成功をおさめた彼は、いまやビバリーヒルズに中世の城のような大邸宅を構え、フェラーリと自家用ジェット機を持っている。彼はお金の何たるかを理解していた。それは故郷のミネアポリスで、雪かきをしながら学んだことだった。

「自由がほしかったんだ。いまとはちがう生活を望む自由をね。金《カネ》はそのための手段だった。自分の野望や欲求を実現する道具だった」と彼は言う。「そんなことは誰からも教わっていない。自分で壁にぶつかりながら、ひとつずつ学んでいったんだ。金には力がある。金を持っていれば自尊心がある程度満たされるし、自分の人生をコントロールできる」。

さて、ここからが本題だ。彼には愛してやまない子どもがいる。自分の子ども時代より多くのものをわが子に与えたい――それは親の本能だろう。だがそれは大いなる矛盾でもある。彼がこれほどまで成功したのは、お金の価値や働く意味、自分で道を切りひらく喜びと充実感を、苦労しながら学んできたおかげだ。けれども彼の子どもたちに、同じように学べというのは酷な話だ。ハリウッドの億万長者の子どもは、近所の落ち葉を掃除なんてしない。明かりを消しわすれたからといって、怖い顔をした父親に電気料金の請求書を突きつけられることもない。バスケットボールの試合を見るときも、柱で隠れてしまうような安い席には座らない。

「裕福な家庭での子育ては、世間が思っている以上に難しい」と彼は言う。「貧すれば鈍すと言うが、富も人をだめにする。野心を失い、誇りを失い、自分は価値ある人間だという感覚まで失われる。貧乏でも金持ちでも、極端なのはだめだ。真ん中あたりがいちばんうまくいくのだろう」。

もちろん、億万長者がいくらわが子のことを憂えようが共感は得られない。彼の子どもたちも、大きくて立派な家に住み、ファーストクラスの人生を歩んでいくはずだ。だが彼は物質的なことを言っているのではない。父親の金属スクラップ会社は、兄弟のひとりが引きついで成功させた。別の兄弟は開業医になって繁盛している。つまり彼の父親は、三人の息子をひとかどの人間に育てあげたわけだ。けれども莫大な富を持つ自分が、自分の父親のように子どもを育てるのは難しい——彼はそう考えている。

真実は逆U字に宿る

そんな風に考える親は彼だけではない。というよりほとんどの人が、富と子育てについて直観的に同じように思っているはずだ。「たくさん持っていれば良いというわけではない」と。

もちろん、金がなさすぎてもまともな子育てはできない。貧困は人を疲弊させ、追いつめる。仕事を二つかけもちしないと生活が成りたたない状況で、寝る前に子どもに本を読んでやれるだろうか。遠距離通勤できつい仕事をしているシングルマザーやシングルファザーには、家族に愛情を注ぎ、目を配り、しつけをする余裕がない。

ではお金があれば良い親になれるかというと、そうではない。もし親の資質とお金の関係をグラフにしても、左図のような直線にはならないはずだ。

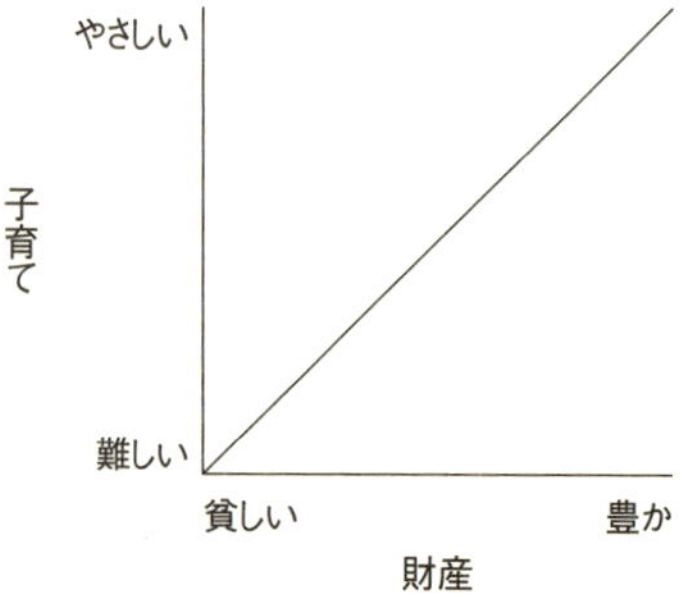

お金があれば良い子育てができるというのは一定のレベルまでで、それを超えたら差はなくなる。では、その分かれ目はどこにあるのだろう？

幸福に関する研究を見ると、世帯年収でおよそ七万五〇〇〇ドルが目安だという。それ以上になると、経済学でいう「限界収穫逓減《ていげん》」が起きる。あなたの世帯年収が七万五〇〇〇ドル、お隣さんが一〇万ドルだったとしよう。あなたより多い二万五〇〇〇ドル分で、お隣さんはちょっといい車に乗り、たくさん外食をする。だがそれで幸福になるわけではないし、良い親になるための大小さまざまの条件がクリアできるわけでもない。

だから親の資質とお金の関係を示すグラフは、左図のようなカーブを描く。

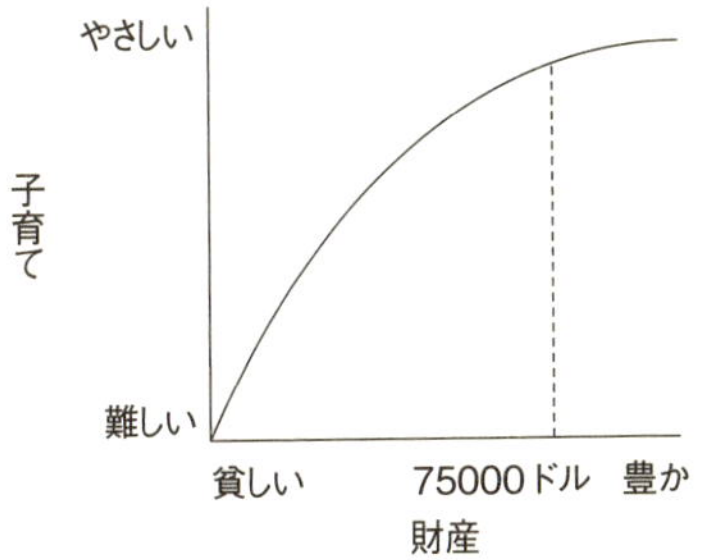

でもこれも正解ではない。なぜなら収入が一定額を超えると、ふたたび子育ては困難なものになるからだ。子どもを育てる環境は、親自身が育った世界の価値観に準じているはずだが、親があとから大金持ちになった場合、それができなくなる。心理学者のジェームズ・グラブマンは、「成功した移民」の例がわかりやすいと述べている。貧しい祖国で育ち、新天地で成功した親が、お金の意味やまじめに働く大切さをいくら説いても、子どもには響かない。そんな真実を鋭く言いあてたことわざは各国にある。イギリスでは「腕まくりの三代目はやっぱり腕まくり（Shirtsleeves to shirtsleeves in three generations）」と言うし、イタリアでは「星から馬小屋に落ちぶれる（Dalle stelle alle stalle）」と言う。スペインには「持たぬ者は働き、持てる者はその使いかたを誤る（Quien no lo tiene, lohance; y quien lo tiene, lo deshance)」ということわざがある。ありあまる富は破滅の種をはらんでいるのだ。

「親は制限をしなくてはならない。だがそれが難しいんです」とグラブマンは言う。なぜなら、お金がないという言い訳が使えないからだ。「でもパパはポルシェに乗ってるし、ママの車はマセラティでしょ?」と反論されて終わり。だから親は「できない」ではなく「しない」に方向転換する必要がある。

だがグラブマンによると、「しない」はもっと難しい。「できない」は一度か二度言うだけで話は終了だ。中流家庭の子どもが「仔馬がほしい」と言いだしても、そんなことはとうてい不可能だから「無理」と言えばすむ。

だが「仔馬は買わないよ」と言って却下するときは、対話が必要になる。買うお金があれば何でも買っていいというわけじゃない。そのことを誠実な態度で、しっかりとわからせなくてはならない。グラブマンは言う。「子どもに仔馬をねだられたという設定で裕福な親たちに対応させると、みんな言葉に詰まります。だから私が指導します。『買ってやることはできるけ

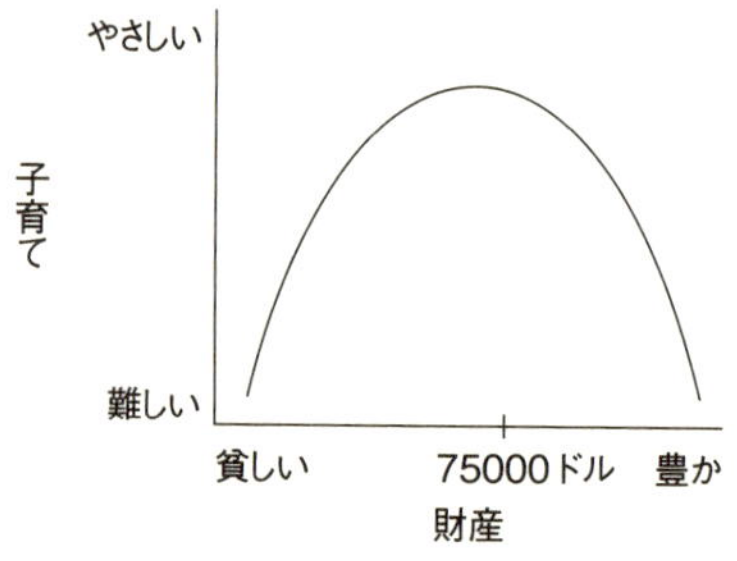

ど、だめ。そういうのはうちのやりかたに合わない』とね」。

　となるともちろん、「うちのやりかた」を具体的に定め、それを明快な言葉で表現し、子どもに納得させなくてはならない。親がフェラーリや自家用ジェット機を持ち、ビバリーヒルズに邸宅を構えているような状況では、これはかなりの難題だ。

　前述したハリウッドの実力者もそうだった。お金があれば暮らしが楽になったり、心配ごとが解決したりするが、彼の財産はそんなレベルをとっくに超え、心身が安定した健全な子どもを育てるうえで障害になっていた。子育ての難易度と富のグラフは、54ページのような曲線になる。いわゆる逆U字型である。このグラフの意味するところはなかなか理解されないが、実は世界

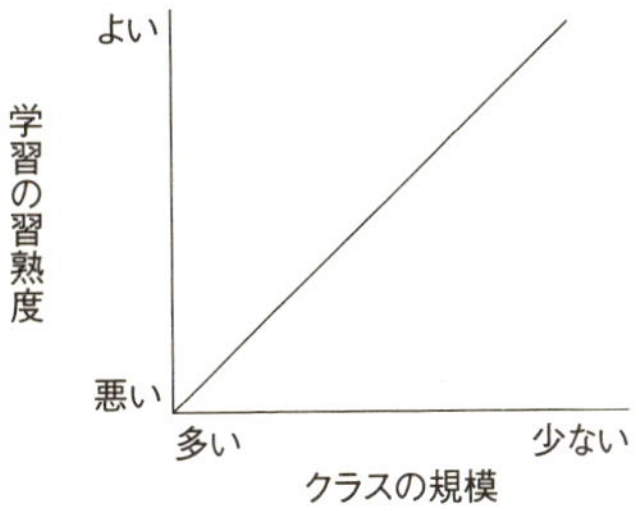

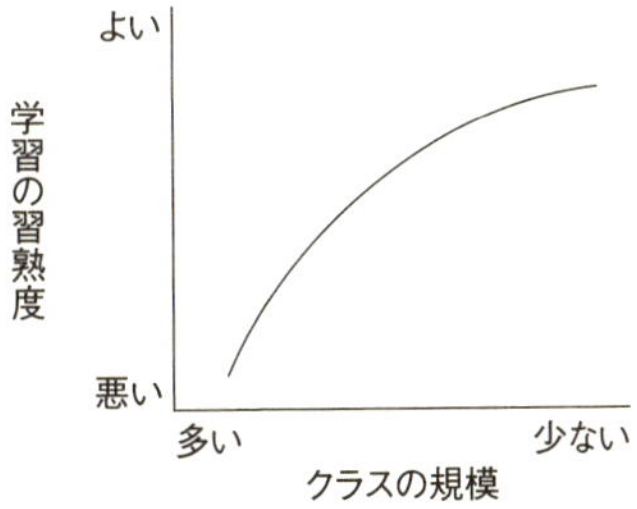

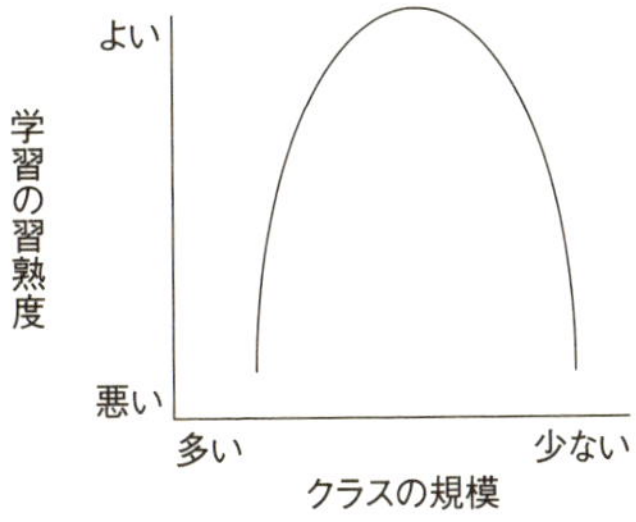

はまさに逆U字型なのだ。世の中の有利と不利を私たちが取りちがえてしまう理由のひとつがそこにある。(2)

ここでもう一度クラス人数の謎を考えよう。一クラスの生徒数と成績の関係は前ページ上のグラフでもなければ、中のグラフでもなく、下のようだとしたら?

シェポーバレー・ミドルスクールの校長は、テレサ・デブリートという女性だ。彼女が着任してから五年間、ミドルスクールの生徒数は減少するいっぽうだった。親からすれば喜ばしいかもしれないが、デブリートの脳裏をよぎったのは逆U字型の曲線だった。あと数年もすれば、小学校からあがってくる子どもは一学年で五〇人を切る。「かなり面倒なことになる」とデブリートは思った。

大人数クラスの長所

逆U字型曲線は三つの部分に分かれている。(3)向かって左側の部分はやればやるほど、持てば持つほど良くなる。真ん中の平坦に近いところは、何をやってもさして効果が出ない。そして向かって右側はやればやるほど、持てば持つほど悪くなる。(4)

クラス人数の謎も、これで手がかりが見えてくる。逆U字型曲線の「どこに位置するか」が問題なのだ。たとえばイスラエルでは、小学校のクラスは昔から三八〜三九人と大人数だ。これは一二世紀の偉大なラビにちなんだ「マイモニデスの規則」（クラスの人数は四〇人を超えてはならない）に従っているためだ。生徒数が四〇人に達したらクラスを分割して二〇人ずつの二クラスにする。三八人のクラスと二〇人のクラスをホクスビー式に比較したところ、二〇人のほうが成績が優秀であることがわかった。これは当然だろう。三八人もいると教師ひとりの手に余るからだ。つまりイスラエルは、逆U字型曲線の左側に位置していることになる。

ではコネティカットに戻ろう。ホクスビーが比較・分析して成績に差はないと結論づけたの

(2)心理学者バリー・シュワルツとアダム・グラントは、ほとんどすべての事象は逆U字型になると述べる。「心理学の多くの領域で、XとYはある段階まで正比例したあと、反比例に転じる……純然たる善なるものは存在しない。いかに好ましい特性、状態、経験であろうと、高レベルに達すると損失が利益を上回りはじめるのだ」

(3)数学者である私の父はこういうことに細かく、異論を唱えている。父に言わせると私は単純化しすぎており、逆U字型曲線は正確には四つの部分で成りたっているという。

1．直線部分。2．直線の元気がなくなって曲がる部分。得られる利益の幅が小さくなっていく。3．余剰資源が結果に影響しない部分。4．余剰資源が悪影響に働く部分。

(4)逆U字型曲線になる典型的な例は、アルコール摂取と健康の関係だろう。酒をまったく飲まないか、週にワインをグラス七杯なら長生きできる（これは男性の場合で、女性には当てはまらない）。八〜一四杯だと長生きはしないが、健康を害することもない。これが逆U字のてっぺん部分だ。一五杯を超えると下り坂になり、寿命は短くなる。つまりアルコールは始まりは薬だが、途中で毒でも薬でもなくなり、度を越すと毒になる。

は、二〇人台半ばのクラスと一〇人台後半のクラスだった。ということはイスラエルとコネティカットのあいだのどこかに、クラス人数の効果がプラスからニュートラルに転じる分かれ目があるようだ。

二五人と一八人のクラスで成績に差が出ないのはなぜだろう？　一八人のほうが、教師の作業量が少ないことは明白だ。進度を気にかけながら指導する子どもの数も、採点するテストの枚数も少ない。ただ少人数クラスを好成績に結びつけるには、教師が指導方法を切りかえる必要があるのだが、一八人のクラスではそれがない。仕事が減って楽になっただけなのだ。それが人間というものだろう。あなたが医師で、金曜午後に診察する患者が二五人から二〇人に減ったら？もちろん報酬は変わらない。あなたはひとりの患者にかける時間を長くする？　それとも午後七時半にあがるところを六時半に切りあげて、子どもたちとの夕食に間に合わせる？

親がお金持ちになりすぎるのが良くないように、クラスの人数が少なすぎるのも問題なのだろうか？　アメリカとカナダの相当数の教師にこの疑問を投げかけてみたところ、「問題がある」という答えが続々と返ってきた。

ひとりの教師の回答を紹介しよう。

私の理想は一八人です。この人数なら子どもたちは緊張しないし、ひとりひとりに目をかけてあげられます。それに生徒間の親密度に応じて、二人、三人、六人ずつのグループに分けるのも簡単だし、必要なときにすぐ子どものそばに行って対応できます。

次に望ましいのは二四人です。この人数になると異分子が出現します。現状を良しとせず、声をあげる反逆児がひとりや二人はいるものです。その代わり、チームではなく集団でのエネルギーも生まれます。

さらに六人増えて三〇人になると、生徒とのつながりが薄れてしまいます。どんなに優れた教師でも、そのカリスマ性の威力は失われてしまうでしょう。


では逆はどうだろう？　理想の一八人から六人減らして一二人にする。最後の晩餐でキリストと食卓をともにしたのも一二人。なるほど休日に食卓を囲むにはちょうどいい人数だが、教室ではそれが問題になる。おたがいの距離が近すぎて、とくに高校生ぐらいの子は自主性が育たない。声の大きい者、横暴な者（どちらも教師だったりする）がたちまち場を支配してしまう。さらに減って六人になると、もう逃げも隠れもできない。多様な意見や経験がもたらす、集団ならではの豊かさも生まれない。

教師にとっても、小人数クラスは大人数に負けず劣らず運営が難しい。大人数だと子どもどうしの接触回数が増えて手に負えないが、小人数になると今度は接触の密度が濃くなりすぎる。小人数クラスの生徒は「車の後部座席にいる兄弟」と同じだとある教師は言った。そりの合わない者どうしが、おたがいを避けることができないのだ。

ある高校教師は、三二人のクラスを受けもってえらい目にあったという。「テストの採点だけでも時間がとられ、生徒たちと過ごす時間が削られた」からだ。だがこの教師は、二〇人に満たないクラスも教えたくないと言う。

クラスの生命線は議論ですが、それにはある程度の人数が必要です。いま受けもっているクラスは、生徒たちが議論に見向きもせず、ときに暴力に訴えます。人数が少なすぎるクラスでは、議論が消滅します。まさかと思われるでしょう。ふつうに考えれば、三二人のクラスでは黙ったままのおとなしい子も、一六人のクラスなら発言できそうなものです。けれども私の経験では、そんなことはありませんでした。おとなしい子は、どこでもおとなしいのです。それに人数が少ないと意見の幅も狭くなって、話が前に進みません。しかも覇気がなくなります。小人数の集団は、いろんな相手との摩擦から生じるエネルギーに欠けるのです。

ではもっと小人数ではどうなるだろう?

フランス語のクラスで生徒が九人ということがありました。夢のようだって? とんでもない。むしろ悪夢でしたよ。フランス語の会話も議論も成りたたないし、語彙や文法を強化するためのゲームもできない。停滞しっぱなしでした。

経済学者ジェシー・レヴィンがオランダの学校を対象に調査をしたところ、学力が同レベルの生徒の数と成績のあいだに明確な相関関係があることを突きとめた。学力が低い生徒ほどその傾向は顕著だった。[5] 要するに同じような質問をして、同じ課題に頭を悩ませる仲間がいれば、頭が悪いのは自分だけではないと安心できるのだ。

小人数クラスではそれができないとレヴィンは言う。自分と同程度の生徒がまわりに大勢いるという経験ができないからだ。突きつめれば、クラスの小人数化は「落ちこぼれの生徒がほかの子から学ぶ機会を奪っている」とも言える。

シェポーバレー・ミドルスクールのデブリート校長が憂慮した理由が、これでお分かりだろうか。ミドルスクールの生徒たちは、思春期に差しかかる難しい年ごろだ。自意識が強くなって、不器用ながらも自分を賢く見せたがる。先生の質問に生徒が答えるという単純な形式ならまだしも、それ以上の試みをさせるのはほんとうに大変だ。個性あふれる多様な意見が飛びかう授業がデブリートの理想だ。みんなでひとつの問題に取りくむとき、教室に何とも言えない高揚感が生まれる。

「生徒の数が多いと、議論でもいろんな意見が出ます。ところが小人数クラスでは、この年代の

(5) ただし行動や学習に重度の障害を持ち、特別な支援を必要とする生徒は例外だ。

子は押しだまってしまうんです」

デブリートの教師のキャリアは、コネティカット州メリデンで数学を教えたのが最初だった。所得レベルが中程度かそれ以下の町だ。担当した最大のクラスは二九人。これだけの生徒の進度を把握し、対応するのはひと苦労だ。

「頭のうしろに目がほしいぐらいです。ひとつの班を見ているあいだも、いつも耳をそばだててほかの生徒の様子をうかがっています。ちょっと油断すると、授業とは関係ないおしゃべりを始めますからね」

でも、とデブリートは打ちあける。「そのクラスを教えていたときが、教師人生でいちばん楽しかった」と。一二〜一三歳の子に数学を教えるときに心を砕くのは、いかに数学をおもしろいと思わせるかだ。二九人を相手にそれをやるのは、とても刺激的だったという。

「生徒には、学習レベルが同じぐらいの仲間がたくさんいます。自分の班だけで固まらず、いろんな子と交流して経験の幅を広げていけるんです。受け身な子なんていませんでしたよ」

ではシェポーバレーも一クラス二九人にするべきなのか？　デブリートの答えはもちろんノーだ。自分の例が少々特殊であり、ほとんどの教師はもっと小人数のほうがやりやすいことをデブリートは承知している。彼女が言いたいのは、この問題を論じるとき、小人数の良さばかりが強調され、大人数クラスの長所が無視されがちだということだ。机を並べる級友を、先生を取りあうライバルと見なすなんておかしくないだろうか？　デブリートは遠い目をして、メリデンで教えていた日々を振りかえった。

「子どもたちが自由に意見を言いあう、あの騒がしい教室はとても楽しいものでした」

エリート校の思いこみ

シェポーバレーから車で三〇分ほど走ったレイクヴィルという町に、全米でも指折りの私立寄宿学校ホチキス・スクールがある。授業料は年額五万ドル。敷地内に湖が二つあり、ホッケーのフィールドが二面とゴルフコースを完備している。望遠鏡は四台、ピアノは何と一二台もある。それもただのピアノではない、最高級のスタインウェイだ。[6] 教育のためなら金を惜しまないホチキス・スクールの、一クラスの平均人数は？——一二人。デブリートが少なすぎると憂慮していた数だ。しかしホチキス・スクールは、「積極的に授業に参加できる親密な学習環境」を誇らしげにうたっている。

なぜホチキス・スクールのようなエリート校が、学習効果があまり期待できない人数でクラスを編成するのだろう？　ひとつには、学校が生徒のことを考えていないからだろう。ゴルフコースもスタインウェイのピアノも、そして少人数クラスも、五万ドルの授業料を払ってくれる親の

(6) ホチキス・スクールのウェブサイトにはスタインウェイを一二台保有と書かれているが、同校の音楽主任は別のところで、スタインウェイは二〇台、さらにファジオーリも一台あると語っている。ファジオーリは、たとえるならグランドピアノのロールスロイスだ。ピアノだけで総額一〇〇万ドル以上の価値がある。

期待に応えているのだ。

ホチキス・スクールは、裕福な人、裕福な組織、裕福な国——つまりゴリアテだ——が陥りがちな罠《わな》にはまっている。それは、「お金をかければかけるだけ良いものが得られる」という思いこみだ。けれども逆U字型カーブを見れば、そうでないことは一目瞭然だ。敵より大きくて力が強いのはいいことだ。だがあまりに大きくて力が強すぎると、敵が時速一二〇キロメートルの速さで石を発射したときに格好の標的になってしまう。ゴリアテがダビデを倒せなかったのは、図体がでかすぎたから。ハリウッドの実力者が良い親になろうとしてなれなかったのは、金持ちすぎたから。ホチキス・スクールが理想的な教育を実践できないのは、クラスの人数が少なすぎるから。

大きいこと、強いこと、豊かなことはかならずプラスに働くと私たちは思いこんでいるが、それがまちがいであることは羊飼いダビデと、ヴィヴェック・ラナディヴェと、テレサ・デブリートが教えてくれる。

第3章　二流大学が勝つには

「そこそこの大学の優等生」と「一流大のそこそこの学生」はどちらが有望か

印象派と「サロン」

いまから一五〇年前、芸術の都パリ。バティニョールにあるカフェ・ゲルボアに入りびたる画家たちがいた。

その中心にいたのがエドゥアール・マネだ。三〇代前半と年長で、画業の評価も確立しており、ハンサムで社交的な男だ。仕立ての良い服を身につけ、精力的でユーモアあふれる性格が周囲を魅了していた。そんなマネの親友がエドガー・ドガ。マネと対等にわたりあえる機知の持ち主だった。二人は持ち前の情熱と鋭い舌鋒で、ときに激しくぶつかることもあった。

ポール・セザンヌは長身の無愛想な男で、ズボンのベルト代わりに紐を締め、隅っこに座りこんで仏頂面をしていた。あるとき店に現われたセザンヌは、「握手はしないよ」とマネに言って勢いよく腰をおろした。「今日で八日間風呂に入ってないんだ」。

クロード・モネは強靱な意志の持ち主で、夢中になるとまわりが見えなくなる男だった。生家は食料品店だったため、他の仲間とくらべて充分な教育は受けていない。そんなモネの親友が、「のんきな悪ガキ」と評されたピエール＝オギュスト・ルノワールだ。ルノワールはモネの肖像画を一一点も描いている。

そんな画家たちを束ね、羅針盤の役目を引きうけていたのがカミーユ・ピサロだった。過激な政治思想の持ち主ながら、理想を追いもとめる高潔な人柄は、気難しい一匹狼気質のセザンヌをも魅了した。後年セザンヌは「ピサロの弟子」と名乗っている。

やがて彼らは、印象派と呼ばれる新しい芸術運動を創始する。画家たちは競うように作品を次々と生みだし、精神的にも経済的にも支えあって活動を続けた。いまでこそ彼らの作品は世界の有名美術館に展示されているが、一八六〇年代当時はどん底だった。モネは一文無しで、ルノワールの持ってきてくれたパンでかろうじて命をつないだこともあった。そのルノワールも、切手を買う金がなくて手紙ひとつ出せないほどだった。当時、彼らの絵に関心を示す画商などひとりもいなかった。まだわずかしかいなかった美術評論家も、印象派に対しては口を開けば批判ばかりだった。マネと友人たちは、カフェ・ゲルボアのお粗末な椅子に腰かけて大理石のテーブルを囲み、飲んだり食べたりしながら政治や文学や美術を論じ、自分たちのこれからを案じた。

印象派の画家たちは、全員同じ問題に直面していた——サロンをどうする?

一九世紀のフランス文化のなかで、美術は重要な位置を占めていた。絵画を管轄していたのは帝室美術省で、絵を描くことは医学や法学と同じ専門職と見なされていた。絵の才能がある者はパリのエコール・デ・ボザールに入学し、素描から肖像画まで厳格な正規教育を受ける。ひとつの課程ごとに試験があり、合格点に満たないと放りだされる。成績優秀な者はいろいろな賞や奨学金を受けながら出世の階段をのぼっていき、頂点をめざす。それがヨーロッパで最も権威ある展覧会「サロン」だ。

フランスの画家たちはこれぞという自信作をサロンに応募する。締切は四月一日。もちろん世界各地からも応募があり、自作を積んだ荷車を押して石畳の道を進み、会場をめざす。パリ万博のためにシャンゼリゼ通りとセーヌ川のあいだに建てられた産業宮だ。それから数週間、応募作の審査が行なわれ、落選作には赤いRのスタンプが押される。みごと合格した絵は産業宮の壁にかけられて、五月初旬から六週間にわたって公開される。人びとは有名画家の大作をひと目見ようと会場に詰めかけ、気にいらない作品はこきおろした。最優秀作品にはメダルが授与されるが、そうなれば画家としての名声も評価もうなぎのぼりだ。そうでない者はすごすごと家に戻り、ふたたび絵筆を握るのだった。

「サロンのお墨つきのない絵を評価できる愛好家は、パリに一五人いるかどうか」とルノワールは言っている。「サロンに当選していない画家の絵に、びた一文出さない者は八万人はいるがね」。

そのルノワールもサロンに認められたい一心だった。ある年など、当落をいち早く知るために審査中の産業宮までわざわざ出向き、外で待っていたほどだ。ただそこで怖気づいたのか、名前を問われた彼はルノワールの友人だと自己紹介している。やはりカフェ・ゲルボアの常連だったフレデリック・バジーユも、「落選するのが恐ろしくてたまらない」と本音をもらした。一八六六年、サロンに落選したジュール・ホルツァプフェルは拳銃で自分の頭を撃ちぬいて自殺した。「審査員に認められなかった自分は才能がないのだ。死ぬしかない」と遺書には記されていた。一九世紀フランスの画家にとって、サロンは絶対的な存在だったのだ。印象派の画家たちがサロンにこだわったのも、幾度となく落選の憂き目にあってきたからだった。

サロンの審査基準は保守的だった。美術史家のスー・ロウは次のように書いている。

「細部まで正確で、遠近法をはじめ絵画の決まりごとに忠実に従い、適切に仕上げて、きちんと額縁に収めた作品でなくてはならない。光は劇的な場面に用い、闇は厳粛さを表わす。物語的な絵画はただ正確なだけでなく、道徳的に妥当な内容が求められる。午後のサロンはまるでパリ・オペラ座だ。観客は、気分が高揚して楽しめることを期待する。自分がどういったものが好きかわかっているし、自分の知っているものを見たがる」

サロンのメダルを獲得するのは、フランス史や神話の場面を細部まで描きこんだ大作で、おびただしい数の馬や兵士、あるいは美しい女性たちが出てくる。題名は〈兵士の出陣〉〈手紙を読んで泣きくれる乙女〉〈純潔の放棄〉といったものだ。

けれども印象派の画家たちは、そんなサロンの芸術観を良しとしなかった。彼らは日常の暮らしを描く。筆の跡がはっきりわかるタッチで、人物は輪郭がぼやけている。サロンの審査員はもちろん、会場に集まる人びとから見ても、印象派の絵はあまりに素人くさく、衝撃的ですらあった。一八六五年、なぜかサロンに当選したマネの〈オランピア〉は大騒ぎになり、押しよせる見物人が絵に近づきすぎないよう警備員を配置するありさまだった。「ヒステリーと恐怖心が充満していた」と歴史学者のロス・キングは書いている。「常軌を逸した笑いが次々と伝染して卒倒する者が続出」し、女性たちはぎょっとして顔をそむけた。一八六八年には、ルノワール、バジーユ、モネの作品が当選したものの、六週間の会期の途中で主会場から撤去され、狭くてうす暗い奥の部屋に移された。これは落選にも匹敵する扱いだった。

サロンが世界で最も権威ある美術展であることは、カフェ・ゲルボアの常連たちも認めるところだった。でも、そのために当選をめざすのは犠牲が大きい。節を曲げて受けの良い絵を描かなくてはならないし、当選しても他の作品に埋もれて注目されずに終わる。そうまでしてサロンに出品する意味があるのか？　いっそ独自の展覧会を開いたらどうなのか？　印象派の画家たちは、来る日も来る日も議論を重ねた。サロンという大きな池の小魚で終わるのか、自分たちでつくる小さな池で大魚になるのか。

彼らの選択は正しかった。だからこそ印象派の数々の名作は、いま世界の名だたる美術館の壁を飾っている。

似たような選択を迫られることは、私たちの人生でもよくあるし、いつも賢い選択ができるわけではない。逆U字型曲線のグラフは、財産が一定量を超えるとかえって人生はややこしくなることを教えてくれたが、印象派のエピソードが物語るのは二つめの教えだ。何であれ高い目標を持つ者は、その分野で最も権威のある組織に入ろうと努力する。だがちょっと待って。自分がやりたいことが、ほんとうにそこでできるのだろうか？

大学選びがその最たる例かもしれない。

憧れの一流大学へ

キャロライン・サックス（仮名）はワシントンDCの端っこに生まれて、ハイスクールまで公立に通った。母親は会計士、父親はテクノロジー企業に勤務している。子どものころは教会の聖歌隊で歌い、文章を書いたり、絵を描いたりするのも好きだったが、ほんとうに夢中になったのは科学だった。

「虫眼鏡とスケッチブックを持って草むらをはいまわり、昆虫を追いかけてスケッチしていました」とサックスは振りかえる。彼女は若いながらも思慮ぶかく、自分の意見をきちんと言える。

「とにかく昆虫が好きで好きで。あとはサメにも興味があった。だから獣医か魚類学者になろうと思った時期もあります。自ら海に潜るサメ博士のユージェニー・クラークがあこがれの人でした。ニューヨークの移民の家に生まれて、女性ゆえの障害をいくつも乗りこえてその道の権威になった人よ。父が彼女のサイン入り写真をもらってきたときは、天にものぼる心地でした。私のなかでは、科学がずっと大きな位置を占めてきたんです」

ハイスクールではクラストップの成績で、近くの大学で政治学の講義を聴講したり、地元のコミュニティカレッジで多変数関数を学んだりして、もちろんどちらもA評価を受けた。さらには、成績優秀者がひと足早く大学の単位を取得できるアドバンスト・プレースメントのクラスにも入り、全科目で満点をとった。

ハイスクール一年目を終えた夏休み、サックスは父親とともにいくつかの大学を駆け足で見てまわった。「三日間で五つの大学を訪問しました。ウェズリアン大学、ブラウン大学、プロヴィデンス・カレッジ、ボストン・カレッジ、それにイェール大学。ウェズリアンは楽しかったけど規模が小さすぎたし、イェールはあまりに立派でなじめそうになかった」。

彼女のハートを射止めたのは、ロードアイランド州プロヴィデンスにあるブラウン大学だった。なだらかな丘の上に赤れんがのジョージアン様式とコロニアル様式の建物が並ぶ。こぢんまりとした閉鎖的なところではあるが、キャンパスの美しさは全米一だろう。サックスは第一志望をブラウン大学、第二志望をメリーランド大学に決めて入学希望を出し、数ヵ月後に本命から入学許可通知を受けとった。

サックスは言う。「ブラウンの学生はお金持ちで、頭が良くて、そつがない人ばかりだと思っていました。でも実際に入学してみると、みんな私と変わらなかった——知的好奇心にあふれているけど、緊張と期待が半々で、友人ができるかどうか不安だったんです。ほっとしました」。

講義はどれもおもしろそうで、何を選ぶか悩ましかったが、化学入門、スペイン語、それに「言語の進化」と「現代医学の植物学的起源」を選択した。期待に胸がはちきれそうだった。

「小さい池」を選んだ印象派

キャロライン・サックスの選択は正しかったかと問われれば、ほとんどの人はイエスと答えるだろう。いくつかの大学を見学した彼女が第一志望に選んだのがブラウン大学だった。アイビー・リーグに属する名門大学で、施設も一流なら、集まる学生も一流だ。教授陣もその道の権威として実績を積んだ人ばかり。〈USニューズ&ワールド・レポート〉誌が毎年発表する全米大学ランキングでは、ブラウン大はつねに上位一〇校、もしくは二〇校に入っている。メリーランド大の順位ははるかに下のほうだ。

だが印象派のエピソードと重ねて考えてみよう。カフェ・ゲルボアで画家たちが闘わせていた議論は、サロン応募と単独展はどちらが上かということではなかった。どちらも選択肢として対等であり、それぞれ異なる利点と欠点があった。

サロンは言うなればアイビー・リーグだ。選ばれた者しか入れないが、入ることができれば高い名声が約束される。

一八六〇年代、サロンには九〇〇〇点近い作品の応募があった。そのなかから選ばれるのは奇跡に等しい。「サロンは戦場だ。審査員は画家の力量を見抜かなくてはならない」。印象派の画家のなかで、サロンの価値をいちばんわかっていたのはマネだった。美術評論家のテオドール・デュレも同様だったらしく、一八七四年にピサロに宛ててこう書いている。

「もうひとがんばりしなくては。世に名を知られ、画商や美術愛好家に受けいれてもらうためには、それが必要です……絵を出品して話題になること。批判を集めながらも、なおも毅然としていること。世間と正面から向きあうことです」

敷居が高く、それだけに権威があるのがサロンの価値だが、問題がないわけではなかった。展覧会場の産業宮は長さ二七〇メートルもある巨大な建物で、中央を二階建ての通路が貫いている。その壁を三〇〇〇点以上もの絵画が埋めつくし、審査員が満場一致で承認した作品だけが目の高さに並べられる。「ごみため」と呼ばれる天井近くに架けられた絵は、高すぎてほとんど誰も見ることができない。ルノワールの作品も、ごみために展示されたことがある。ひとりの画家が応募できるのは三点まで。会期中は押すな押すなの大盛況となる。たしかにサロンは大きな池だが、そこで小魚以上の何かになることは難しかった。

いっぽうピサロとモネは、小さな池で大きな魚になるほうがいいと考えていた。〈オランピア〉が物議をかもし、兵士や泣きくれる女の絵にメダルが与えられるサロンは、うるさい決まりごとだらけだ。それなら自分たちの描きたいものを描き、独力で展覧会を開いたほうがいい。どうせ人も集まらないから、混雑とも無縁だろう。彼らは一八七三年、無名の画家・彫刻家・版画家協会なる団体を設立して、展覧会を開催することにした。競争も審査員もメダルもない展覧会だ。

展覧会の会場は、キャプシーヌ大通りにある建物の最上階で、以前は写真家が使っていたところだった。小さな部屋がいくつも並んでいて、壁は赤みがかった茶色に塗られている。

一八七四年四月一五日、第一回印象派展が幕を開ける。会期は一ヵ月、入場料は一フラン。展示は全部で一六五点で、セザンヌが三点、ドガが一〇点、モネが九点、ピサロが五点、ルノワールが六点、アルフレッド・シスレーが五点――サロンにくらべたら実にささやかだ。けれどもこの展覧会では、画家たちが展示したい絵が、きちんと鑑賞できる形で配置されていた。

美術史家のハリソン・ホワイトとシンシア・ホワイトはこう書いている。「印象派の作品は、たとえサロンに合格してもその他多数の絵に埋もれていた。独立したグループ展を開いて、初めて世間の注目を集めることができた」。

第一回印象派展の来場者は三五〇〇人――初日だけで一七五人だった。批評家たちが注目するには充分な数だ。もちろん好意的な感想ばかりではない。拳銃に絵具を詰めて、カンバスに向けて発射したような絵だという批判もあった。このように外部からは攻撃にさらされたが、小さな池は大魚にとって居心地の良い場所だった。友人や地域の支えがあり、斬新な発想や個性を思いきり発揮しても誰にも怒られない。ピサロは希望に胸をふくらませながら、友人に宛ててこう書いている。「ささやかながら私たちの居場所ができつつあります。大勢のなかで小さな旗じるしを立てることができました。他人の意見を憂えることなく前進するのみです」。

ピサロの言うとおり、印象派の画家たちは本流からあえてはずれることで、新しいアイデンティティを確立することに成功した。彼らは自由に創造する喜びを実感したはずだ。やがて世間も彼らの運動に注目しはじめる。現代美術史のなかで、これほど重要な展覧会はほかにない。狭苦しい部屋に飾られた絵の数々は、いま買うと一〇億ドルは下らない。

大きな池の小魚より、小さな池で大魚になったほうがいいときもある――印象派のエピソードはそのことを教えてくれる。社会の本流からはずれると不利なことも多いが、それが逆に利点になるのだ。ピサロ、モネ、ルノワール、セザンヌは、権威あるサロンに合格するよりも、好きなように描いた絵を、キャプシーヌ大通りの狭い部屋で見てもらうほうを選んだ。大きな池にあこがれてばかりだと、失うものが大きすぎると思ったのだ。

キャロライン・サックスも同じだった。メリーランド大学という小さな池で大魚になるか、名門ブラウン大学で小魚で終わるか。後者を選んだサックスは、高い代償を支払うことになる。

サイエンス・ガールの挫折

サックスが最初の壁にぶつかったのは、入学した年の春だった。講義も課外活動も欲張りすぎた彼女は化学の中間試験でひどい点をとってしまった。落ちこんだサックスは教授に相談した。「教授は私にいくつか課題をやらせて、こう言いました。『うーむ、基本的な理解ができていないね。今年はもうやめて、来年の秋にあらためて履修したほうがいいでしょう』」

二年生になってふたたび同じ講義を選択したものの、最終成績はＢマイナスだった。サックスは衝撃を受けた。「だってそれまでＢなんて成績はとったことがなかったんです。二年生になって履修しなおしたとき、クラスの大半が一年生だったのも落ちこみました」。

もちろん、ブラウン大学に入ると決めたときからうすうすわかっていた。ハイスクールではクラス一の優等生を通してきたけれど、大学ではそうはいかないと。「どんなにがんばっても太刀打ちできない子はぜったいいる。だから、あまり気に病んでもしかたないと思っていました」。それでも化学での失敗は骨身にこたえた。クラスメートたちも競争心をむきだしにしていた。「どんな風に勉強すればよく理解できるか、ぜったい教えようとしないんです」

二年生の春に履修した有機化学では、もっと悲惨なことになった。「最初に概念だけ説明を受けたあと、見たこともない分子構造を提示され、そこから別の分子をつくるという課題がありました。それをたった五分でやってのける天才肌の学生もいれば、大変な努力を重ねてこなせるようになった学生もいました。私も必死にがんばったけど、とても追いつけなかった」。

教師が質問すると、まわりでいっせいに手があがる。ほかの学生たちが的確に答えるのを聞きながら、サックスは身が縮む思いだった。

ある夜、有機化学のレビューセッションの準備をしていたサックスは、自分があまりにみじめで怒りすら湧いてきた。もう夜中の三時だ。どれだけがんばっても報われないのに、いったい何をやってるんだろう。このとき初めて、サックスはこの大学でやっていくのは無理ではないかと思いはじめた。

科学が大好きだったサックスにとって、単位をとれなかった科目——生理学、伝染病学、生物学、数学――は破れた初恋のようなものだった。二年生が終わった夏、サックスは自分の決断を苦い思いでかみしめた。「七歳の私は、昆虫が大好き！　と得意になって話していました。昆虫を観察して、昆虫に関する本を読みまくり、スケッチをしたり、生態について語るのが大好きだったんです。その後は人間に興味が移り、人体の驚異にすっかり魅せられました」。

私はサイエンス・ガール――そんなプライドを胸に生きてきたサックスにとって、講義のレベルについていけないことは屈辱だった。そんなことでは人生の目標を達成できない。

けれども、有機化学で失敗したことはそれほど一大事だろうか？　有機化学は履修科目のひとつに過ぎず、サックス自身は有機化学の研究者になりたかったわけではない。有機化学で挫折する学生なんてごまんといる。医学部進学課程の学生が実習期間を確保するため、夏休みに別の大学で有機化学の単位を取得することもめずらしくない。しかもブラウン大学は教授陣も学生も一流だ。世界中で有機化学を履修する学生を成績順に並べると、サックスは上位一パーセントに入るだろう。

ただサックスの視野に入っていたのは世界中の学生ではなく、同じブラウン大学の学生だった。全米で最も深く、競争の激しい池に放りこまれた小魚――それがサックスだった。ほかの優秀な魚たちを見ては、自分はなんてバカなんだと落ちこむ。ほんとうはちっともバカではないのに。

「相対的剥奪」の落とし穴

キャロライン・サックスは、社会学者サミュエル・ストウファーの言う「相対的剥奪」に陥っていた。第二次世界大戦中、ストウファーはアメリカ陸軍の依頼を受けて、兵士の態度や士気を調査した。対象者は五〇万人にのぼり、兵士が上司である司令官をどう見ているか、黒人兵士が自分の処遇をどう感じているか、孤立した前哨ではなぜ士気が揚がらないかなど、さまざまな側面から分析が行なわれた。

そのなかで最も注目を集めたのが、憲兵隊と陸軍航空隊（空軍の前身）に所属する兵士を対象に行なった調査だった。「自分が所属する組織では、有能な人材が正当に認められ、昇進しているか」という問いに対して、兵士の評価は明らかに憲兵隊のほうが上だったのだ。

これは一見するとありえない結果だった。憲兵隊は陸軍のなかでも昇進率が低く、むしろ陸軍航空隊のほうが昇進の可能性は二倍もあったのだ。それなのになぜ憲兵隊の兵士は満足度が高いのか？　この疑問に対してストウファーは、「彼らは同じ組織内でしか比較をしていないからだ」と説明した。昇進の可能性が低い組織だからこそ、たまに昇進するととてもうれしい。たとえ昇進できなくても、周囲の同僚たちもみんな昇進していないのだから、それほど残念ではない。

いっぽう陸軍航空隊は、学歴と勤続年数が同じであれば昇進の可能性は五〇パーセント以上高かった。つまり同僚もみんな昇進するので、自分の昇進は際だたない。反対にまわりが昇進しているのに自分だけできないと、不満が高まる。それが組織への批判となって表われるのではないか。ストウファーはそう指摘した。

人は全体像のなかに自分を置くことがなかなかできない。「同じ舟」に乗っている人間どうしで比較しあうだけだ。だから自分が恵まれないとか、不幸だといった感覚も、あくまで相対的なものに過ぎない。これはなかなか深い意味を持つ事実であり、不可解に思える現象もすべてそれで説明がつく。たとえば国別の幸福度調査で、スイス、デンマーク、アイスランド、オランダ、カナダといった国は、自分が幸せだと答えた国民が多かった。対してギリシア、イタリア、ポルトガル、スペインは、幸せではないという回答が目立った。ではこの二つのグループのうち、自殺率が高いのはどちらだろう？　答えは幸福な前者だ。これも「憲兵隊と陸軍航空隊」と同じ図式だ。誰もが不幸せな国では、自分に不幸が降りかかってもさほど落ちこまない。でも周囲がみんな幸せな笑顔を浮かべていたら、不幸がいっそう身にしみるだろう[(1)]。

有機化学で苦戦したキャロライン・サックスが、クラスメートとくらべて自分はダメだと決めつけたのも無理はない。それが人間の性《さが》というものだ。同じ状況の相手としか自分を比較できないのである。エリートばかりが集まる一流大学ならではの苦悩だろう。幸福な国の自殺率が高いのは、周囲の人びとの幸せそうな様子に、おのれの不遇がひときわ浮きぼりになるからだろう。

「小さな池の大魚」も、つまりはこの相対的剥奪をどうするかということだ。一流の教育機関であればあるほど、学生は自分の能力を低く評価してしまう。そこそこの学校で優等生だった者が、エリート校で劣等生に落ちぶれたと感じるのである。それは合理的な根拠のない主観的な感情なのだが、その感情がやっかいなのだ。なぜなら、高いハードルを飛びこえたり、困難な課題に取りくんだりする意欲を支えるのは、自分はこれだけできるという「セルフイメージ」だからだ。良好なセルフイメージが持てないと、やる気も自信も出てこない。

「小さな池の大魚」理論を最初に提唱したのは心理学者のハーバート・マーシュだった。マーシュによると、まちがった理由で進学先を決めてしまう親や学生が多すぎるという。「難関校ならば、まちがいないと多くの人が考えますが、それはちがう。実際のところは良し悪しです」とマーシュは語る。

「私が住んでいたシドニーには、エリート私立校より格上の難関公立校がいくつかありました。入学試験の時期になると、かならず地元紙からコメントを求められます。毎年何かちがう話をしなくてはならないので、うんざりしたある日、こう言ってしまいましたよ——難関校への進学でセルフイメージが良くなるのは、子どもの親だけですよ、ってね」

平凡なハーバードの「小魚」たち

キャロライン・サックスの体験は、少しもめずらしいことではない。このご時世、理系の学位があれば有利なのだが、アメリカでは科学やテクノロジー、数学といった理系科目を専攻した学生の半数以上が、一年生か二年生で退学や転部をしている。アメリカ国内で教育を受けた科学者やエンジニアが不足している最大の要因はそこにある。

ではどんな学生が、どんな理由で挫折してしまうのだろう。それを知るために、ニューヨーク州にあるハートウィック大学の理系専攻学生のデータを見てみよう。ハートウィック大はアメリカ北東部の典型的なリベラルアーツ・カレッジで、規模が小さく、基礎的な教養を積むことに重点を置いている。

ハートウィックの理系専攻学生を、ＳＡＴ（大学進学適性試験）の数学の得点で三つのグループに分けるとこうなる。ＳＡＴとはアメリカの大学受験で広く採用されている標準テストで、八〇〇点満点である。[(2)]

(1)この例は経済学者メアリー・デイリーの研究から引用したが、キャロル・グラハム著『Happiness Around the World: The Paradox of Happy Peasants and Miserable Millionaires』からもうひとつ別の例を紹介しよう。チリの貧者とホンジュラスの貧者はどっちが幸せ？　理屈から言えば答えはチリだろう。チリは近代的な先進国だ。いくら貧しいといっても、所得はホンジュラスの二倍近いので、快適な家に暮らし、良い食事をしているはずだ。ところが幸福度を見ると、ホンジュラスのほうがチリを大きく上回っている。なぜかというと、どちらも同国人にしか目を向けていないからだ。グラハムはこう書いている。「幸福度を左右するのは国民の平均所得ではなく、平均との差だ。貧しいホンジュラス人が幸福なのは、もともと低い平均所得との開きが小さいからだ」。

理系専攻学生	上位グループ	中位グループ	下位グループ
SATの数学平均点	569	472	407

SATの得点だけでくらべると、上位と下位のグループにはかなりの開きがある。
次に、各グループの理系学位取得者の割合はこうなっている。

	上位グループ	中位グループ	下位グループ
理系学位取得者の割合	55・0	27・1	17・8

学位を取得した全学生のうち、半数以上を成績上位グループが占め、下位グループはわずか一七・八パーセントだった。無理もない。エンジニアや科学者としてやっていくには、高度な数学と物理学を身につけなくてはならないが、それができるのは学年でもひと握りだ。

では世界を代表する超一流大学のひとつ、ハーバード大学ではどうだろう。

理系専攻学生	上位グループ	中位グループ	下位グループ
ＳＡＴの数学平均点	７５３	６７４	５８１

さすがハーバード大学の学生は、ハートウィックよりＳＡＴの点数が高い。下位グループでさえ、ハートウィックの上位グループの平均点を上回っている。これならばハーバードの学生は全員学位を取得して当然だろう。ということでハーバードのデータを見ると……。

	上位グループ	中位グループ	下位グループ
理系学位取得者の割合	５３・４	３１・２	１５・４

目を疑うかもしれない。実のところ、ハーバードの下位グループの学位取得者の割合はハートウィックとほとんど差がなかった。

⑵社会学者のロジャーズ・エリオット、Ａ・クリストファー・ストレンタらによる「選択的高等機関での科学の選択と放棄における民族性の役割」と題された論文からデータを引用。ＳＡＴの得点は一九九〇年代初頭のものなので、現在は少し変わっているかもしれない。

これはどういうことだろう。ハートウィックの上位グループとハーバードの下位グループが微積分や有機化学の同じ講義を履修するとしよう。どちらも同じ教科書を使い、同じ課題に取りくむ。テストの成績で見れば、能力はほぼ互角。しかしハートウィック・グループは、大多数が望みどおりにエンジニアや生物学者になるのに対し、ハーバード・グループはすっかりやる気を失い、文系に転部する者が続出するだろう。ハーバード・グループは大きくておっかない池で泳ぐ小魚、対してハートウィック・グループは居心地の良い小さな池で暮らす大魚なのだ。理系の学位取得を左右するのは、本人の頭の良し悪しではなく、クラスメートとくらべて頭が良いと感じられるかどうかなのである。

このパターンは、レベルに関係なくどんな学校にも当てはまる。社会学者のロジャーズ・エリオットとA・クリストファー・ストレンタが、全米のリベラルアーツ・カレッジ一一校を対象に同様のデータ（次ページ表）を集めているので紹介しよう。

さて、キャロライン・サックスは進路を決めるとき、なぜメリーランド大学ではなくブラウン大学を選んだのか。ブラウン大のほうが断然格上だし、裕福な家の学生も多く、刺激を受けられる。在学中にいろんなコネができるし、ブラウン大卒の肩書は就職のときに有利に働くだろう。これらはすべて大きな池の利点だ。つまりブラウン大学はサロンということだ。

だがその選択にはリスクがあった。「学位が取得できないかもしれない」というリスクだ。カリフォルニア大学のミッチェル・チャンが行なった調査では、他の条件が同じだと仮定すると、

学校名	上位グループ		中位グループ		下位グループ	
	Ⓐ	Ⓑ	Ⓐ	Ⓑ	Ⓐ	Ⓑ
1．ハーバード大学	53.4%	753	31.2%	674	15.4%	581
2．ダートマス大学	57.3%	729	29.8%	656	12.9%	546
3．ウィリアムズ大学	45.6%	697	34.7%	631	19.7%	547
4．コルゲート大学	53.6%	697	31.4%	626	15.0%	534
5．リッチモンド大学	51.0%	696	34.7%	624	14.4%	534
6．バックネル大学	57.3%	688	24.0%	601	18.8%	494
7．ケニオン大学	62.1%	678	22.6%	583	15.4%	485
8．オクシデンタル大学	49.0%	663	32.4%	573	18.6%	492
9．カラマズー大学	51.8%	633	27.3%	551	20.8%	479
10．オハイオ・ウェスリアン大学	54.9%	591	33.9%	514	11.2%	431
11．ハートウィック大学	55.0%	569	27.1%	472	17.8%	407

Ⓐは理系学位取得者の割合、ⒷはSATの数学平均点をそれぞれ指す

大学のSAT平均スコアが一〇ポイント下がるごとに、理系学位の取得率は二パーセント上昇するという。[(3)] つまり優秀な学生に囲まれていると、自分がバカになったような気がして、学業から脱落しやすくなるのだ。メリーランド大学とブラウン大学とでは、SATの平均スコアに約一五〇ポイントの開きがあるから、サックスがブラウン大学の理系学部を卒業できる可能性は、メリーランドを選んだ場合より三〇パーセントも低くなる計算だ。ただそれでも理系学位を取得して卒業できれば、順調なキャリアが保証されている。いっぽうリベラルアーツ・カレッジ卒だと就職は苦戦するだろう。いずれにしても、アイビー・リーグというブランドだけに頼るのはリスクが大きい。

大きな池の小魚か、小さな池の大魚か――

その選択を考えるヒントとして、もうひとつ例をあげよう。あなたは大学関係者で、大学院卒の優秀な研究者を採用することになった。そのとき一流大学院卒と条件を限定するか、それとも大学院のランクに関係なく、トップの成績だった人間を選ぶか。

たいていの大学は前者だ。当校は一流大学院の卒業生しか採用しませんと胸を張る大学さえある。しかしここまで読んできた人ならば、さすがに疑問を抱くだろう。小さな池の大魚は、大きな池の小魚よりそんなに下なのかと。

大きな池と小さな池を比較できる簡単な方法がある。ジョン・コンリーとアリ・シナ・オンデルは、経済学の博士課程修了者を対象に調査を行なった。経済学の世界には、研究者なら誰もが読む権威ある学術誌がいくつかある。こうした専門誌は独創性のある優れた論文しか受けいれないので、その掲載回数が評価のものさしになる。コンリーとオンデルが調べたところ、並みの大学の優等生のほうが、一流大学の並みの学生よりも掲載回数は多いことがわかった。

ハーバードやＭＩＴの卒業生を採用してはいけない？　これにはさすがに誰もが首をかしげるだろう。だが分析結果を見ると反論の余地はない。

まずは経済学で北米トップクラス、すなわち世界トップクラスの博士課程がある大学から見てみよう。ハーバード、ＭＩＴ、イェール、プリンストン、コロンビア、スタンフォード、シカゴだ。コンリーとオンデルは各大学の博士課程修了者について、在学中の成績と、卒業後六年間の掲載論文数を調べた。

	99	95	90	85	80	75	70	65	60	55
ハーバード	4.31	2.36	1.47	1.04	0.71	0.41	0.30	0.21	0.12	0.07
ＭＩＴ	4.73	2.87	1.66	1.24	0.83	0.64	0.48	0.33	0.20	0.12
イェール	3.78	2.15	1.22	0.83	0.57	0.39	0.19	0.12	0.08	0.05
プリンストン	4.10	2.17	1.79	1.23	1.01	0.82	0.60	0.45	0.36	0.28
コロンビア	2.90	1.15	0.62	0.34	0.17	0.10	0.06	0.02	0.01	0.01
スタンフォード	3.43	1.58	1.02	0.67	0.50	0.33	0.23	0.14	0.08	0.05
シカゴ	2.88	1.71	1.04	0.72	0.51	0.33	0.19	0.10	0.06	0.03

(3)この調査は重要な意味を持つのでくわしく説明しておこう。理系学生が退学や転部に追いこまれる最大の要因を突きとめるため、チャンたちは大学の一年生数千人を対象に調査を実施した。その要因とは、つまるところ学生の能力だった。「一年生の平均ＳＡＴスコアが一〇ポイント高くなると、理系学部の定着率は二パーセント低くなる」というのがチャンたちの出した結論だ。対象を人種的マイノリティに限定すると、定着率の低下は三パーセントに増える。「第一志望の大学に在籍する学生ほど、生物医学や行動科学を専攻しても途中でやめてしまう」のである。自分ではいちばん気にいった大学に入ったと思っているかもしれないが、実際はそうではないということだ。

数字の羅列で頭が痛くなるが、これは博士課程の成績をパーセンタイルで示したものだ。九九パーセンタイルは、上位一パーセントの成績で博士課程を終えたということ。ハーバード大学をこの成績で卒業した学生は、平均四・三一本の論文が一流学術誌に掲載された。博士号を取得してわずか六年で、三～四本の論文が採用されているのはすばらしい業績だ。さすがというほかない。ＭＩＴやスタンフォードも同様だ。

では八〇パーセンタイルの学生はどうかというと、ここから微妙なことになる。ＭＩＴやスタンフォード、ハーバードといった大学の博士課程が一年に受けいれる学生数は、分野ごとに二四～二五人がふつうだ。つまり八〇パーセンタイルの学生は、クラスで上位から五～六番目に位置する。充分優秀なはずだが、彼らの論文採用数はというと……一本にも満たない大学がほとんどだ。そして下段の五五パーセンタイル。世界有数の大学院に入れるだけの学力の持ち主であり、平均よりちょっと上の成績で大学院を終えた学生たちだ。彼らの論文掲載数はかぎりなくゼロに近づく。経済学者としては期待はずれの実績だろう。

では次にふつうの大学を見てみよう。「ふつう」とは言うものの、〈ＵＳニューズ＆ワールド・レポート〉誌の大学院ランキングでは、どちらかというと下位に甘んじているグループだ。そこから選んだのは三つのデータだ。まず私の母校であるトロント大学。そしてボストン大学。三つめはコンリーとオンデルが「ノン・トップ30」と名づけた最下位グループの平均である。

	99	95	90	85	80	75	70	65	60	55
トロント	3.13	1.85	0.80	0.61	0.29	0.19	0.15	0.10	0.07	0.05
ボストン	1.59	0.49	0.21	0.08	0.05	0.02	0.02	0.01	0.00	0.00
ノン・トップ30	1.05	0.31	0.12	0.06	0.04	0.02	0.01	0.01	0.00	0.00

おや？　と思った人も多いだろう。ノン・トップ30、つまりアイビー・リーグの連中は足を踏みいれることすら嫌がるような底辺大学でも、最上位グループは一・〇五本の論文が採用されている。ハーバード、ＭＩＴ、イェール、プリンストン、コロンビア、スタンフォード、シカゴの八〇パーセンタイルより上なのだ。これでもうおわかりだろう。小さな池の大魚と、大きな池の平均の魚では、どちらを採用するべきか。答えは明白だ。

コンリーとオンデルもこの調査結果の説明には苦労しているようだ。[(4)]

(4)一点補足。コンリーとオンデルの表にある数字は、論文掲載数の単純な平均ではなく、掲載誌が最も権威のある〈ジ・アメリカン・エコノミック・レビュー〉〈エコノメトリカ〉だった場合は加重されている。

ハーバード大学に入るには、ハイスクールの成績がずばぬけて優秀で、各種テストのスコアも高いことはもちろん、強力な推薦も必要だ。しかもそれを審査委員会に魅力的にアピールしなくてはならない。そんな関門をくぐりぬけて入学した者は、努力家で知性があり、鍛錬が行きとどき、知識と野心にあふれた学生のはずだ。そんな順風満帆の勝者たちが、大学院に入ったとたん凡庸になってしまうのはなぜなのか？

大学が学生をだめにしているのか、学生の力不足なのか？

もちろん答えはどちらでもない。一流エリート校はトップクラスの学生にはすばらしいところでも、それ以外の者には苦難の場所で、つまりキャロライン・サックスと同じことが起きているのだ。大きな池が優秀だったはずの学生を飲みこみ、やる気をくじいたのである。

ところで当のエリート大学は、この問題を認識しているのだろうか。一九六〇年代、ハーバード大学で入学選考の責任者を務めた経済学者のフレッド・グリンプは、いわゆる「ハッピー・ボトム・クォーター」と呼ばれる方針を打ちたてた。彼の覚書にはこう記されている。

「どんなに学力の高いクラスにも、かならず底辺層が存在する。自分が並みの人間だと感じたときの心理的影響はどうか？　心理的に『ハッピー』になることを容認できないタイプと、ボトム・クォーターにいても最大限学べるタイプははっきり分かれるのでは？」

大きな池では、トップクラスの人間以外はやる気を失うものだ。グリンプはそのことをきちんと理解していた。根性があり、勉強以外のことで実績をあげて、小魚であるストレスを乗りきれる学生を育てなくてはならない。そこでハーバード大では、学力面で見劣りがしても、スポーツの才能に秀でた学生を相当数入学させるようになった（これはいまも続いている）。勉強では見こみがなくても、フィールドで何かを達成できればそれでよしということだ。

社会的マイノリティの不利な状況を改善するための是正措置をアファーマティブ・アクションと呼ぶが、ここでも同様の主張が展開される。アメリカでは、一流大学がそうした人びとの入学基準を緩和するかどうかで激しい議論が続いている。マイノリティが差別を受けてきた長い歴史を考えれば、優遇するのは当然というのが賛成派の考えかただ。対して反対派は、入学者の選定は学問への貢献だけを基準に行なうべきだと主張する。人種でくくるのではなく、あくまで貧しい人に救いの手を差しのべるのが正しいとする意見もある。それぞれ意見は異なるが、「一流大学への入学が将来とても有利に働く」という前提は共通している。だから是が非でも狭き門をくぐりたいと考えるのだ。だが、その狭き門はほんとうにくぐるだけの価値があるのだろうか。

アファーマティブ・アクションを積極的に採用してきたのは、主にロースクールだ。

ロースクールの場合、アフリカ系の志望者は実力より一段上の学校に入学が許されることが多い。その結果は？　法学部教授のリチャード・サンダーによると、アメリカのロースクールで学ぶアフリカ系学生の半数以上——五一・六パーセント——は、成績がクラスの下位一〇パーセントに集中しているという。下位二〇パーセントまで広げると、全体の四分の三の学生が入ってしまうのだ(5)。

これはさすがにまずい。ブラウン大学に入学したキャロライン・サックスのことを思いだしてほしい。ほかの学生たちはみんなできているのに、私には逆立ちしても無理! 彼女はそんな劣等感にさいなまれていた。もちろんサックスの頭が悪いわけではない。むしろ優秀な部類だ。ただ、入った大学がいけなかった。彼女はメリーランド大学に進学するべきだったのだ。

そんなサックスに、スタンフォード大やMITを勧める人はいないだろう。ところがアファーマティブ・アクションでは、そんなことがまかりとおっているのだ。たまたまアフリカ系というだけで、有望な若者を実力以上の大学に押しこんでしまう。なぜなら、それが本人のためだと信じて疑わないから。

もちろん、アファーマティブ・アクション自体が誤りだということではない。その背景にあるのは純粋な善意であるし、一流大学だからこそ貧しい学生を支援できる体制が整っているとも言える。それでもハーバート・マーシュが言うように、「大きな池は良し悪し」である事実は変えられない。

不思議なのは、大きな池の欠点がめったに話題にならないことだ。親は子どもに、できるだけ良い大学に行けと言う。良い大学を出れば、やりたいことができるからと。少人数クラスのほうが質の高い教育が受けられるというのと同じで、一流大学を出ればかならずチャンスが広がると思いこんでいる。何が有利かという定義がしっかり頭のなかに根づいているのだが、そもそも定義が正しくない。その結果、私たちは誤りを犯す。羊飼いと巨人の対決を読みあやまるのだ。不利に見える状況のなかに、はかりしれない自由があることに気づいていない。なりたい自分になれるチャンスが大きいのは、むしろ小さな池のほうなのである。

大学を選ぶとき、キャロライン・サックスは大好きな科学と離れるとは夢にも思っていなかっただろう。だがそれが現実になってしまった。私はサックスにたずねた。もしメリーランド大学に入っていたら、どうだったでしょうね？　すると彼女は即答した。

「いまも科学の世界にいたと思います」

(5)リチャード・サンダーはアファーマティブ・アクションに反対する代表的な論客のひとりだ。彼はスチュアート・テイラーと共著で、『ミスマッチ―アファーマティブ・アクションが学生を助けるどころかだめにしている現状と、大学がそれを認めない理由』という本も書いている。この本のなかで、サンダーはこんな疑問を呈している。「マイノリティの学生が一流大学に進んでも、法律の専門家になるのは難しい。一流大卒の肩書さえあれば社会で有利かというと、それもない。一流大学でそこそこの成績を取ることは、そこそこの大学で優等の成績を取ることと同じであり、むしろ後者のほうが望ましい」と。「全米三〇位のフォーダム大学でクラス五位以内の成績をおさめた者は、全米五位のコロンビア大学で真ん中より少し下の成績だった者と、職務も収入も同レベルになる。私が見た事例のほとんどでは、フォーダム大卒業者のほうが就職戦線では有利だった」。サンダーのこうした主張に対しては、異なる視点から反論する社会学者もいる。しかし心理学の世界では、ストウファーの第二次世界大戦中の分析をきっかけに指摘されはじめた「大きな池」の危険性は、おおむね研究者のあいだで共通理解となっている。

「ガリ勉」のその後

「私はずっと勉強熱心な生徒でした。学校が大好きで、成績も良かった」

スティーブン・ランドルフ（仮名）はそう話しはじめた。背が高く、ダークブラウンの髪をていねいに撫でつけて、プレスのよくきいた綿パンをはいている。

「四年生のとき、ハイスクールの数Ⅰの授業をとり、五年生で数Ⅱ、六年生で幾何を履修しました。ミドルスクール在学中も、数学と生物と化学はハイスクールの授業を受けに行っていました。アメリカ史はアドバンスト・プレースメントで大学の講義を聴きに行きました。ハイスクールを卒業するころにはジョージア大学の学士号が取得できるだけの単位を履修していたんです」

小学一年からハイスクールを終えるまで、ランドルフはネクタイを締めて学校に通った。「変なやつだと思われたでしょうけど。きっかけは忘れましたが、小学一年生のときにネクタイを締めたいとふと思ったんです。まあ、ガリ勉タイプってやつですよ」。

ランドルフはハイスクールでは卒業生総代を務めた。SATはほぼ満点で、ハーバードかMITかで迷った末にハーバードを選んだ。入学から一週間、ハーバードのキャンパスを歩くたびにランドルフは感慨にふけったという。

「ここを歩いているのは、みんなハーバードの学生なんだ……当たり前なんですが、誰もが抜群《ばつぐん》に頭が切れて、ずばぬけた能力の持ち主なんだと思うと、これからの大学生活に期待が高まりました」

ランドルフの話は、キャロライン・サックスの体験をそのままなぞっているようだ。こうなると印象派の画家たちがどんなに偉大だったかよくわかる。モネ、ドガ、セザンヌ、ルノワール、ピサロたちは画家として天才的だっただけでなく、たぐいまれな知恵も持っていた。世間が崇めてやまない権威に振りまわされることなく、その本質を見抜いていたのだ。

ハーバード大に進学したスティーブン・ランドルフはどうだったかというと、おおよそ見当がつくだろう。三年生のとき、彼は量子力学の講義をとった。「まるで歯が立ちませんでした。続けていても、成績はBマイナスしかとれなかったんじゃないかな」。そんな悪い評価は生まれて初めてだった。「能力不足か、そもそも向いていなかったのか。自分では得意分野だし、ある意味天才だと思ってたんですが。周囲はぼくなんかよりはるかに飲みこみが速かった。そういう連中は注目の的でした」。

ランドルフはさらに続ける。「講義の中身はおもしろかったのですが、教室に座っているのはつらかった。説明を聴いていても、自分に理解できるとはとうてい思えなくて。断片的にわかるところはあったけど、ほかの学生ははるかに理解が上だった。ハーバードみたいなところは、とにかく頭のできが別格な人間が多すぎて、自分がダメなやつにしか思えなくなるんです」。

ランドルフは講義に出るのをやめた。

「数学の問題を解くのはとてもやりがいがあります」。ランドルフの表情に無念さがにじむ。「最初はお手あげだと思っても、一定の法則が見えてきたら、そこから糸口を引きだせる。途中の過程がややこしくても、得られる結果は単純明快。そこに至る道筋がとてもおもしろいんです」。

ランドルフは行きたいと思った大学に進んだが、そこで望んだような教育を受けられただろうか。「こうなったことにはおおむね満足してますよ」。彼はそう言って、どこか悲しげな笑いを漏らした。「少なくとも自分にはそう言いきかせてます」。

三年生を終えたランドルフは、ロースクールの入学試験を受けた。いまはマンハッタンの法律事務所で働いている。ハーバードは物理学者の代わりに法律家をひとり世に送りだしたことになる。

「専門は税法です。大学で数学や物理を専攻したあと、税法の専門家になる人間はけっこう多いんですよ」

第2部

望ましい困難

「若いときの苦労は買ってでもせよ」
という格言は往々にして正しい。
時に人生を投げ出したくなるような困難を
逆手にとってプラスに転じた者は、
その後の人生を意義あるものにすることができる。

第4章

識字障害《ディスレクシア》者が勝つには

逆境を逆手にとる戦略

「文字が読めない」メカニズム

識字障害（文字の読み書きが困難な障害）を持つ人の脳をスキャンすると、奇妙な特徴があることに気づく。言葉を読みとり、処理する重要な領域の灰白質が少ないのだ。すなわち神経細胞の数も少ないことになる。

子宮内で胎児が育つとき、脳の神経細胞はちょうどチェス盤に駒を置くように、必要な場所に必要な数だけ配置される。ところが何らかの理由でこの配置がうまくいかず、迷子になった神経細胞が本来とちがう場所に定着することがある。識字障害では、脳室の内側に神経細胞が集中することもある。空港で乗客が足止めを食らっているようなものだ。

識字障害の患者が字を読んでいるときの脳をスキャンすると、まるで大停電が起きた町を上空から見たときのように、明るく光るべきところが暗いままだ。患者は文字を読むとき、健常者より右脳を多く使っている。だが概念中心の右脳にとって、厳密で正確さを要求される読字作業は得意ではない。そのため反応に遅れが出る。

識字障害の有無を確かめるテストのひとつに、ＲＡＮ（Rapid Automated Naming）と呼ばれるものがある。赤、緑、青、黄と色の異なる点が画面に次々と現われるので、それを見てできるだけ速く色を答えるのだ。色を見て、認識して、色の名前と結びつけて、声に出す——ほとんどの人は無意識にやっている作業だが、識字障害者はこの四つのプロセスのつながりがうまくいかない。「キャ」「アッ」「ト」という三つの音を聞いて、「キャット」という単語を言えるか。「キャット」「ハット」「ダーク」のうち、音が仲間はずれの単語は？　どちらも健常な四歳児なら簡単に正解できる問題だが、識字障害児には難しい。

これまで識字障害は、単語をうしろから読んでしまうなど、文字の見えかたの問題だと思われてきたが、それだけではないことが最近わかってきた。音を聞きとり、処理する過程も深く関わっているのだ。たとえば「バ」と「ダ」という音が異なるのは、最初の〇・〇四秒分だけだ。わずか〇・〇四秒のちがいで、まるでちがう単語になる。私たちはそれを聞きわけながら言葉を話しているのである。脳内の接続が悪く、この〇・〇四秒を聞きのがすと、いったいどういうことになるのだろう？

ハーバード大学で識字障害を研究しているナディーヌ・ガーブはこう説明する。

「言葉の音の概念がないと、聞いた音を文字と対応させることができません。そうなると文字の読みかたをなかなか覚えられず、覚えてもゆっくりとしか読めないでしょう。文章を読んで理解する能力も落ちます。なぜなら時間がかかりすぎて、文の終わりに到達したときには、最初に書かれていたことを忘れているからです。識字障害はミドルスクールやハイスクールぐらいで深刻な問題になります。文字が読めないと、すべての教科に影響が出るでしょう。数学のテストにも文章がけっこうありますよ。社会科ともなると、問題文を読むだけで二時間もかかってしまい、テストどころではなくなります」

識字障害の診断が下るのは八～九歳ごろだとガーブは言う。文字を覚えはじめるのは五歳ごろだから、子どもはすでに三年も悪戦苦闘を続けていることになり、心理面で深刻な影響も出てくる。四歳までは利発で通っていた子が、幼稚園に入ると壁に突きあたる。ほかの子たちがいっせいに字を読みはじめるのに、自分はまったくついていけないからだ。まわりからは頭が悪いと思われ、親からは怠け者と責められる。自尊心が保てず、うつ状態に陥りやすい。思春期になると行動が荒れて、警察のお世話になる子も多い。文字が読めるかどうかは、とても重要なことなのだ。

親ならば、わが子が識字障害であってほしくないと願うはず。

え、ちがう？

知能テストの正解率を上げる方法

世間で有利とされていることが、実は誤った思いこみだったりする。これまではそうした例を見てきたが、今度は反対に「不利」について考えてみよう。

不利なことは避けるべきだというのが世間の常識だ。さもないと状況が後退したり、難しくなったりするからだ。だがかならずしもそうではない。ここからは「望ましい困難」について掘りさげてみたいと思う。カリフォルニア大学ロサンゼルス校の心理学者、ロバート・ビョークとエリザベス・ビョークが提唱したこの概念は、なぜ羊飼いの少年が屈強な兵士に勝てるかを理解するうえでまたとないヒントになる。

まずは次の問題に挑戦してほしい。

1　バットとボールの値段は合わせて一ドル一〇セント。バットの値段はボールより一ドル高い。ボールの値段はいくら？

一〇セントと答える人が多いが、不正解。バットはボールより一ドル高いのだから、ボールが一〇セントならバットは一ドル一〇セントになり、バットとボールを合計すると一ドル二〇セントになってしまう。したがって正解は五セントだ。

2　五分間に五個の部品を製造できる機械が五台ある。この機械を一〇〇台使って一〇〇個の部品をつくるのにかかる時間は？

うっかり一〇〇分と答えてしまいそうだが、そこがひっかけだ。機械が五台でも一〇〇台でも、五分間に五個の部品が製造できるペースは変わらない。だから正解は五分。

このクイズは、世界でいちばん短い知能テストとも言える「認知反射テスト（CRT）」の一部だ。[1]イェール大学のシェーン・フレデリック教授が考案したもので、単純な問題文を読んで衝動的に答えを出すのではなく、分析的な判断ができるかどうかを調べる。

基本的な認知能力をてっとりばやく知ることが目的なら、何時間もかけて数百項目ものテストをしなくても、このCRTで充分だとフレデリックは考えた。それを確かめるために、アメリカ国内の九つの大学の学生にCRTを受けてもらったところ、通常の知能テストとぴったり重なる結果が出たという。[2]世界最高峰の大学であるMITの学生は、全三問中正解率は平均二・一八だった。ピッツバーグにあるカーネギー・メロン大学、ここもまたエリート校だが、正解率は平均一・五一だった。ハーバード大学は一・四三。ミシガン大学アナーバー校は一・一八。トリード大学が〇・五七である。

CRTはけっこう難しいが、実は正解率を簡単に上げる方法がある。ハードルをちょっとだけ高くするのだ。心理学者のアダム・オルターとダニエル・オッペンハイマーが、プリンストン大学の学部生を対象に実験してみた。まずは通常どおりにCRTに挑戦してもらう。正解率は一・

九だった。ＭＩＴの二・一八には及ばないものの、まずまずの成績だ。続いて、字の大きさや書体をわざと読みづらく印刷した問題文で解いてもらった――たとえば、文字をロダン墨東体にして三〇パーセントグレーをかけたものだと、こんな感じになる。

1　バットとボールの値段は合わせて／ドル／〇セント。バットの値段はボールより／ドル高い。ボールの値段はいくら？

すると正解率は――二・四五に上昇した。ＭＩＴを抜いたのである。

信じられないって？　読みやすく、わかりやすい形で問題を提示されたほうが、正解が出やすいと誰もが思うだろう。しかし実際は正反対だった。この問題文は読みにくくていらいらする。

(1)実を言うともっと短いテストは存在する。現代心理学を代表する研究者、エイモス・トベルスキーが同僚と考案した「トベルスキー知能テスト」だ。

(2)フレデリックはあくまでも知能だけを評価するために、ＣＲＴ正解率と他の要素を相関させてみた。彼はこう書いている。「その結果、リンゴとオレンジ、ペプシとコカコーラ、ビールとワイン、ラップとバレエのどちらを好むかという傾向と、ＣＲＴ正解率は無関係であることが判明した。ところが〈ピープル〉誌と〈ザ・ニューヨーカー〉誌の選択に関しては、ＣＲＴ正解率から容易に推測できた。ＣＲＴ正解率が低い集団は、六七パーセントが〈ピープル〉を選び、逆に高い集団は六四パーセントが〈ザ・ニューヨーカー〉を選んだのだ」。（筆者は〈ザ・ニューヨーカー〉に寄稿している関係で、このエピソードはぜひとも入れたかった）。

目を凝らして二回は読まないと単語が拾えない。あまりの読みづらさに、なんでこんな印刷にするのかと腹も立ってくる。要するに問題文を理解する努力が求められるのだ。

だがその努力は報われる。オルターはこう書いている。「問題文が読みづらいために、学生たちは言葉をひとつひとつ吟味した。いつも以上の労力を投じて、意味を深く掘りさげ、慎重に考えた。学生たちは余分な苦労を与えられたおかげで、上手に課題をこなすことができたのである」。つまりその苦労は、「良い苦労」だったことになる。

もちろん、どんな苦労も良いほうに働くとはかぎらない。キャロライン・サックスがブラウン大学の有機化学の授業で体験したことは、望ましくない苦労だった。科学への新しい視野が開けるどころか、科学から遠ざかる結果になったのだ。けれども時と場合によっては、絶望的に不利な障壁が予想外の恩恵をもたらすこともある。

識字障害が、そんな「望ましい困難」になるとしたら？　識字障害に苦しむ人が多い現状からすると、とても信じられないだろう。だが興味深い事実がある。大成功を収めた企業家には、識字障害者がとても多いのだ。シティ大学ロンドンのジュリー・ローガンが最近行なった調査では、約三分の一という結果が出ている。たとえばイギリスではリチャード・ブランソンが識字障害者だ。オンライン証券会社を起業したチャールズ・シュワブ、ジェットブルー航空の創業者デビッド・ニールマン、ネットワーク企業シスコ・システムズのCEOジョン・チェンバース、キンコーズ創業者のポール・オーファラと、名前を挙げればきりがない。

神経科学者シャロン・トンプソン＝シルは大学の大口寄付者の会合で、ふと思いたってたずねてみた。このなかで、学習障害と診断された人はどれぐらいいますか？

「すると出席者の半数の手があがったんです。驚きでした」

この事実は二通りの解釈ができる。ずばぬけた資質を持つ人は、障害をものともしないというのがひとつ。頭の回転と創造性がケタはずれなので、一生付きあわなくてはならない障害を抱えていても、成功を勝ちとることができるというわけだ。だがそうではなく、障害を持っていたがゆえに成功したと考えることもできる。障害を抱えて悪戦苦闘する過程で、糧となる何かをつかんだのだと。わが子が識字障害でなくてよかったと思っている人も、二番目の可能性を知ると考えが揺らぐかもしれない。

障害によって別の力を手に入れる

デビッド・ボイスはイリノイ州の田舎に生まれた。五人きょうだいの長男で、両親はともに公立学校教師だった。幼いころは、母親の読みきかせで本の内容を覚えていた。ページを目で追っても文字がわからないからだ。字がかろうじて読めるようになったのは小学三年生で、すらすらとはとてもいかなかった。

識字障害だとわかったのはずっとあとになってからだ。もっともイリノイ州の辺鄙《へんぴ》な町では、読み書きはさほど重視されていなかった。級友たちも学校を中途退学して農場で働く者が多かった。ボイスはコミックをよく読んだ。絵が多くて話が追いかけやすいからだ。楽しみで本を読んだことは一度もない。いまでも一年に一冊読むか読まないかだ。代わりにテレビを見る——ジャンルは問わずで、「色がついていて動くもの」なら何でも見ると笑いながら言った。話し言葉の語彙は極端に少なく、短文しかつくれない。音読していて知らない単語が出てくると、アルファベットをひとつずつたどってみる。

「一年半前、女房がiPadをくれたんだ。その手のマシンを使ったのは初めてでね。ただiPadでつづりを確かめようにも、スペルチェックにひっかからない。『該当するスペルがありません』というメッセージが何度出たことか」

ハイスクールの成績は「見るも無残」だった。それでも何とか卒業したが、上昇志向はさらさらない。そのころ住んでいた南カリフォルニアは好景気に沸いていて、ボイスは建設業で働きはじめた。「年上の連中と、外で身体を使う仕事だった。びっくりするぐらい金を稼いだね。楽しかったよ」とボイスは振りかえる。その後銀行の帳簿係に転職して、趣味のブリッジに熱中した。「申し分ない生活だった。このまま続けばいいと思ってたけど、最初の子どもが生まれたのをきっかけに、女房が将来のことを真剣に考えはじめた」

妻が集めてきた地元のカレッジや大学の案内を見て、ボイスは子どものころ法律に興味があったことを思いだし、ロースクールへの進学を決意する。その後、弁護士になった彼は、世界を股にかけて活躍している。

ハイスクール卒の建設労働者から、トップクラスの弁護士へ。なぜそんな転身が可能だったのか。法律にたずさわるとなると、判例から判決文までとにかく難しい文章を読まなくてはならない。だがボイスは識字障害者だ。そんな職業を選択すること自体、無謀なのではないか。

ボイスはとりあえずレッドランズ大学に入学した。ロサンゼルスから車で東に一時間行ったところにある、小さな私立大学だ。この最初の選択が成功への第一歩だった。レッドランズは「小さい池」だったからだ。もちろんボイスは地道に、そして熱心に勉強を続けた。それから幸運もあった。レッドランズには必修科目がたくさんあり、どれも参考書や資料を大量に読まないとこなせない内容だったが、当時は大卒資格がなくてもロースクールに出願することができたのだ。当然ボイスは必修科目を全部すっとばした。「大学を卒業しなくてもロースクールに行ける。そう知ったときのうれしさったら。信じられなかったよ」。

だがもちろん、ロースクールでも読む作業はついてまわる。ここでボイスの強い味方になったのが、判決要旨集だった。最高裁の長大な判決文が一ページほどにまとめられている。「邪道かもしれないが、役に立った」。それにボイスは聴くことが得意だった。「生まれてからこのかた、自分はひたすら聴いていた。それしか学ぶ方法はなかったんだ。だから人が言ったことは、一言一句記憶している」。

教室でも、ほかの学生は必死にノートをとったり、あるいはいたずら書きをしたり、居眠りをしたり、こっそり教室を抜けだしたりしていたが、ボイスはじっと座っているだけだった。講義内容に全神経を集中させ、記憶に叩きこんでいたのだ。母親の読みきかせで絵本の中身を覚えて以来、ボイスはつねに記憶力のトレーニングを積んできたようなものだ。文字を読むことが不得手でも、それを補うために続けてきたことがかけがえのない能力となって花開いたのである。ボイスはノースウェスタン大学のロースクールに進学し、その後イェール大学に移って勉強を続けた。

晴れて弁護士になったボイスだが、企業の顧問弁護士の道は選ばなかった。大量の文書を片っぱしから読み、細かい字で書かれた脚注に注目するなどといった仕事は、ボイスにはとうてい無理だ。代わりに彼は訴訟を担当する弁護士になった。あらかじめ話すことがらを覚えておけば、法廷で立ちまわれるからだ。それでも何かを読みあげたりするときには、言葉に詰まって立ち往生することがあった。そんなとき、ボイスは単語のスペルを声に出す。そう、スペリングコンテストに出場した子どものように。これはかなり奇妙な光景だった。

一九九〇年代、ボイスはマイクロソフトの反トラスト訴訟で訴追チームを率いることになった。審理のあいだ、彼はずっと「ログイン」を「ロジン」と言いつづけた。識字障害者がやりやすいまちがいだ。しかし証人の反対尋問になると、ボイスは冴えわたった。どんな些細なニュアンス、言いのがれ、言葉のあやもけっして聞きのがさない。それればかりか一日前、いや一週間、一ヵ月前の証言からも縦横無尽に手がかりを見つけだして、厳しく問いつめていったのである。「もっとすらすらと字が読めたら、いろんなことが楽だったと思う」とボイスは言う。

「けれども、人の話を聞き、質問しながら学んだおかげで、問題を徹底的に単純化することができた。これは訴訟では最上の武器になる。裁判で争われる内容については、裁判官と陪審がみんな専門家というわけじゃない。彼らにわかるように主張を展開できることが、自分の強みになった」

対抗する弁護士たちは研究者肌が多く、あらゆる分析を仔細に読みあげる。ときに細部にはまりこんで、にっちもさっちもいかなくなることがあった。

ボイスが担当した有名な裁判のひとつに、ホリングスワース対ペリー訴訟がある。「結婚は男女間にのみ認められる」というカリフォルニア州法の規定をめぐるもので、ボイスはこの規定を合衆国憲法違反とする立場から、相手側証人のデビッド・ブランケンホーンに白旗をあげさせた。

証言で重要な局面になると、ブランケンホーンがほんの少し口ごもったという。ボイスはその瞬間を逃さなかった。

「声の調子だったり、話す速さや、言葉の選びかただったり、いろんな手がかりがある。間《ま》もそうだ。言いづらいことを話すときは、言葉を考えて空白の時間が増えるし、あいまいな言葉づかいになる。そこを突いていくことで、こちらの主張の要点を認めさせることができたんだ」

壁を乗りこえた後に

ボイスはどうやって、これほどの弁論術を身につけたのだろう？　人は誰でも自分の得意分野にのめりこむ。読むことが好きな子どもは本を読んでばかりいるから、読む技術にますます磨きがかかり、将来はたくさん文章を読む職業につく。タイガー・ウッズという少年は運動神経が抜群で、相性のいいスポーツがゴルフだったので、ひたすらゴルフの練習をしていた。ゴルフが上手になると楽しいので、ますます熱心に練習する。生まれついての才能は、強化することでいっそう伸びていくのである。まさに「好きこそものの上手なれ」だ。

これが障害となると、逆になる。オルターとオッペンハイマーはCRTの問題文を読みづらくすることで正解率を上げることに成功した。「読みやすさ」を奪われた学生たちは、それを補うために慎重に問題文を読まざるをえなくなった。ボイスもそうだ。読む能力が著しく劣る彼は、人並みに生きていくために、話を聞く能力を伸ばす戦略にたどりついた。

もっとも現実には「好きこそものの上手なれ」型が大多数を占める。そのほうが楽だしわかりやすいからだ。美しい声と音感を持っていれば、歌手をめざすのは当然の流れだろう。これに対して「代償」型は苦労が多い。母親の読みきかせを覚えていて、あとで他人にわかるように再現できるようになるまでには、いくつもの壁を乗りこえなくてはならない。不安感や恥ずかしさを克服する必要もあるだろう。ずばぬけた集中力も要求される。障害を抱える者の多くは、こうした壁にぶつかって挫折する。しかし何とか乗りこえることができれば、大きな武器になる。苦労知らずで覚えたことよりも、必要に迫られて身につけた技能のほうが断然威力があるからだ。

社会で大成功をおさめた識字障害者たちは、例外なくこうした逸話の持ち主だ。ブライアン・グレイザーという男性はこう話してくれた。

「学校は苦痛でした。いつも不安でたまらなかった。簡単な課題もできなくて、時間ばかりが過ぎていくんです。字が読めないから、ぼんやり空想にふけってばかりでした。一時間半も席に座っているのに、何ひとつ終わらない。七年生から一〇年生まで、成績はFだらけでした。ときどきDがあって、たまにCをもらったぐらいです。学校側から退学を勧められても母が断固拒否していたので、学校では時間が過ぎるのを待つだけでした」

グレイザーはどうやって学校を卒業したのか？　彼は独自の戦略を編みだした。

「試験前日、クラスメートにくっついていろいろたずねるんです。こんな問題が出たらどう答える？　自分が問題のヤマをかけてみようかって。事前にテスト内容や問題がわかりそうだったら、ぜったい調べてました」

ハイスクールでは、もっと巧妙な戦略を採用した。

「成績に異議申したてをするんです。テストやレポートの評価が出たら、教師のところに行って執拗に反論し、D評価だったらCじゃないか、CだったらBじゃないかと食いさがる。これで教師を根負けさせるんです。九割方うまくいきましたよ。おかげでずいぶん自信がつきました。大学ではまじめに勉強しましたが、いざとなれば教授に直談判すればいいと思っていました。いい訓練になりましたね」

相手を説得するテクニックは、見識のある親なら、かならず子どもに指導するだろう。だが正常で、周囲にとけこんでいる子どもには、それを発揮する場がない。成績がオールＡであれば、進級をかけて教師に直訴する必要はないからだ。グレイザーが交渉術を身につけたのは、ボイスが聞く技術を習得したのと同じで、せっぱつまっていたからだ。グレイザーが「いい訓練になった」と言ったとおり、彼はその技能を十二分に活かせる職業についた。

いまグレイザーはハリウッドの映画プロデューサーとして、三〇年間第一線で活躍している。手がけた作品は〈スプラッシュ〉〈アポロ13〉〈ビューティフル・マインド〉〈8 Mile〉など多数。もし識字障害でなかったら、これほど成功しただろうか？

カギを握る「非調和性」

神経学的な機能不全である識字障害と、社会的成功の奇妙な関係をもう少し掘りさげてみよう。エリートでもなく、特権に恵まれてもいないアウトサイダー的な環境のほうが、かえって自分だけの発想や関心を追求できる。キャロライン・サックスも第二志望の大学に進んでいたら、大好きな科学の勉強を続けていただろう。印象派も、権威あるサロンではなく、誰も来ないような小さなギャラリーを会場に選んだからこそ大きく花開いた。

識字障害者も立派なアウトサイダーだ。学校では教師の指示どおりにできないから、生徒のなかで浮いた存在になる。だが「アウトサイダーであること」が、有利に働くなんてことがあるのだろうか？　その疑問に答えるために、革新的で、自ら事業を興すような人に共通する性格を考えてみよう。

心理学では性格を把握するときに「5因子モデル」、別名ビッグ・ファイブを用いる。次の五つの特性に関して、どんな傾向にあるかを評価するのだ。(3)

情緒不安定性（敏感／神経質　安定／自信）
外向性（精力的／社交的　孤立／内気）
開放性（創意／好奇心　保守的／慎重）
勤勉性（規律／熱心　怠惰／不注意）
調和性（協力的／共感　自己中心的／対抗心）

心理学者ジョーダン・ピーターソンは、革新的な人間はこの五つの因子のうち、最後の三つ（開放性、勤勉性、調和性）の組みあわせに独特の特徴があると指摘する。
自分の殻に閉じこもっていては、革新的なことはできない。他人ができないことに想像をめぐらせ、自らの先入観を揺さぶる必要がある。勤勉さも大切だ。いくらアイデアが良くても、それ

(3)「ビッグ・ファイブ」は社会心理学で性格評価を行なうときの標準的なものさしだ。ただ社会科学者のあいだでは、マイヤーズ＝ブリッグスのような性格診断テストは、重要な特徴を見のがしたり、特性を誤解する危険があると見る向きもある。

を地道に実践する自制心とねばり強さがなければ、ただのドリーマーだ。ここまでは納得がいく。

そして三つめの調和性だが、革新者に求められるのは調和性というより、むしろ非調和性だ。ケンカを売ったり、周囲を不快にさせるのではないが、誰もやろうとしないことにリスク承知であえて挑戦するのだから、むしろ調和性とは対極ということになる。

それは容易なことではない。非調和な人間がいると、社会は眉をひそめる。それに人間には、周囲から承認されたい本能がある。それでも、社会を変える力がある斬新な発想を実現するには、これまでのしきたりを壊す気概が必要だ。

「他人の気分を害したり、社会に物申すことを案じているようでは、どんなに新しいアイデアも前進しない」とピーターソンは書いている。劇作家ジョージ・バーナード・ショーもこう言った。「合理的な人間は自分を世界に合わせる。非合理的な人間はあくまで世界を自分に合わせようとする。したがってあらゆる進歩は非合理的な人間にかかっている」

その一例として、スウェーデンの家具販売店イケアの創業時のエピソードを紹介しよう。創業者のイングバル・カンプラードは、家具の値段は組み立て関係がかなりの部分を占めていることに気づいた。テーブルに脚をつけると、その作業に費用がかかるし、輸送コストも跳ねあがる。そこで組み立て前の家具を平たい箱に入れて出荷し、他店より安く販売した。

ところが一九五〇年代に危機が訪れる。安値販売を苦々しく思っていたスウェーデン国内の家具メーカーが、イケアの注文をボイコットしたのだ。窮地に追いこまれたカンプラードは、ポーランドに目をつける。バルト海をはさんだすぐ南にあり、木材資源が豊富で労働力も安い。ここがカンプラードの開放性だった。一九六〇年代初頭には、海外生産という発想を持つ企業はまだほとんどなかった。ポーランドでの生産拠点づくりに動きだしたカンプラードだが、その道のりは険しかった。当時のポーランドは共産主義国家で、インフラはまったく整備されていなかった。まともな機械もなく、労働者の質も低い。法律のうしろだてもなかった。ピーターソン国際経済研究所のフェロー、アンデーシュ・オスルンドはこう指摘する。「カンプラードはいわばマイクロマネジャー（部下に細々と指示を出す、口うるさいタイプの上司）です。だからほかの人間が失敗した分野で成功することができた。悪条件の国に進出して、生産を軌道にのせてみせたんです。こうと決めたらぜったいに曲げない性格ですよ」。これが勤勉性である。

カンプラードがすごかったのは、ポーランド進出を決断したのが一九六一年だったことだ。ベルリンの壁はものものしくそびえ、冷戦まっただなか。それから一年もたたないうちにキューバのミサイル危機が勃発し、あわや核戦争突入かというところまで事態は進む。そんな時代にポーランド進出とは、いまで言うならウォルマートが北朝鮮に店を出すようなものだ。鋭く対立する陣営の国と商売をするなんて、ほとんどの人が想像もしなかっただろう。裏切り者の烙印を押されかねないからだ。だがカンプラードはちがった。世間の評価などみじんも気に留めなかった。これが非調和性だ。

家具を組み立てず、平べったいまま出荷する。メーカーのボイコットを受けると、海外に生産拠点を移す。こうした発想ができる人間からして少数派だ。そんな独創性に加えて、構想を実現するためには刻苦勉励を惜しまず、冷戦体制すらものともしない精神力を持つ人間となると……めったにいるものではない。

字の読み書きが困難というのは、社会では何かと不都合だ。けれども非調和性という重要な要素に関しては、この障害を持つ人のほうが有利かもしれない。

いまや彼は……

ゲーリー・コーンはオハイオ州北東部のクリーブランドで育った。生家は電気工事業を営んでいた。当時は一九七〇年代で、識字障害と診断を受ける子どもは多くなかった。コーンは字が読めなかったために小学校を一年やりなおしになった。[(4)]「二年目もぜんぜんだめだったけどね」。

コーンには自制心が欠けていた。

「教師を殴って、小学校を退学になりそうになったんだ……でも教師の対応もひどかった。俺を机の下に押しこめて、椅子の下で蹴ってくるんだ。だからこっちも椅子を押しかえして、教師の顔を叩いて教室を出ていった。四年生のときだったな」

コーンはそのころを人生の「醜悪な時期」だと呼ぶ。両親もどうしていいかわからなかった。

「俺の人生でいちばんくすぶっていたころだ。努力しなかったわけじゃない。必死になってがんばっていたのに、誰もそこは理解してくれなかった。わざと勉強を放棄して、クラスの足をひっぱっていると思われていたんだ。だけど公立学校に通う七歳だか八歳の子どもだよ？　クラスのみんなにバカだと思われてたら、おかしなことをやって一目置かれるしかないじゃないか。朝起きるたびに、今日は昨日よりいい日でありますようにと願う。でもそのうちわかるんだよ。今日も昨日と変わりゃしないんだってね。今日も明日も、その日を生きていくしかないんだ」

両親はコーンに合う学校を探しつづけた。

「せめてハイスクールは卒業してほしい。それが母の願いだった。おまえがハイスクールを卒業できたら、それが私の人生の最高の日だよ。仕事はトラック運転手だってなんだっていい。とにかくハイスクールの卒業証書をもらっておくれってね」

コーンが無事ハイスクールを卒業した日、母親は号泣したという。

「私の人生で、あんなに泣いた人は見たことがない」

コーンは二二歳でアメリカン大学を卒業後、クリーブランドにあるＵＳスティール社の代理店に就職し、アルミサッシを販売する仕事についた。感謝祭を目前にしたある日、ＵＳスティールのロングアイランド販売事務所を訪ねた彼は、一日だけ休暇をもらってウォール街に向かった。

(4)識字障害で影響を受けるのは文字だけである。数を扱う能力はまったく問題がなかった。祖父はコーンが配管資材の在庫を正確に記憶しているのを見て、孫の可能性を信じ、見守ってくれた。

大学時代に地元の証券会社でインターンをした経験から、株や商品の取引に興味を持っていたのだ。コーンが訪ねたのは商品取引所。当時はワールド・トレード・センターのなかにあった。

　コーンは回想する。

「働き口を見つけたいと思ったけど、とっかかりがない。取引所の見学デッキから様子を眺め、下のフロアにおりてセキュリティゲートの前まで行ってみた。もちろん入れるはずがない。その日の取引が終了した直後、パリッとしたいでたちの男性がフロアを走ってきた。『ラガーディア空港に急いで行かないと。着いたら連絡する』と事務員に言っている。私はすかさず声をかけた――ラガーディアに行かれるんなら、タクシーに乗りあいしませんか。相手が『そうしましょう』と言ってくれたときは、やったと思ったね。金曜午後で道路は渋滞していたから、それから一時間、タクシーのなかで就職活動をしたよ」

　コーンの同乗者は、ウォール街の大手証券会社の管理職だった。その会社は、売買オプション取引を開始したばかりだった。

「彼はオプション取引の担当になったものの、それがどういうものかわかってなかったんだ」。コーンは笑った。「私は空港に着くまでのあいだ、ひたすら大風呂敷を広げつづけた。オプション取引について知ってるかとたずねられたら、もちろん何でも知ってると答えた。タクシーをおりるとき、彼は電話番号を教えてくれた。私は言われたとおり月曜日に電話をかけ、火曜だか水曜だかにニューヨークに戻って面接を受け、翌週の月曜から働きはじめた。そのあいだに、マクミラン社から出ている『戦略的投資としてのオプション』をひたすら読んだ。あれはオプション取引のバイブルなんだ」。

だがそれはたやすいことではなかった。六時間格闘して、二〇ページ読めれば良いほうだった。[(5)] 一語一語噛みくだき、理解できるまで何度も文章を読みかえす。コーンは何とか準備を整えて初日に臨んだ。

「彼のうしろに立って、あれを買え、これを売れと指示した。自分の素性は最後まで明かさなかった。向こうは薄々気づいていたかもしれないが、あえて触れなかった。何しろ大儲けさせてやったんだから」

ウォール街での第一歩がウソで始まったことを、コーンは恥じていない。だがハッタリで職を得たことは自慢にもならない。「しかたない、それが自分という人間だから」。

コーンは私にそう言った。

タクシーに偶然同乗した男性を相手に、コーンはオプション取引のプロを演じきった。そんな状況では、たいていの人はボロを出すにちがいない。自分とちがう人間を演じることに馴れていないからだ。だがコーンは小学校に入ったときから演技をしていた。クラスのみんなにバカだと

(5) コーンが登場するこの章もけっこう長いので、本人が読むとしたらスケジュールを調整して時間を確保する必要があるだろう。だが彼は忙しいので、おそらく無理だ。インタビューの終わりに、コーンは笑いながらこう言った。「いい本になるといいな。俺は読まないけど」。

思われてたら、おかしなことをやって一目置かれるしかないじゃないか……。コーンはバカと思われるより、道化を演じるほうを選んだ。子どものころから演技してきた彼にとって、空港に向かうタクシーでの一時間にハッタリをかますことなど朝飯前だったはずだ。

そもそもふつうの人は、あの状況でタクシーの乗りあいを提案しない。失敗したときのことを考えるからだ。もし相手に正体がばれたら？　タクシーから追いだされ、いい笑い物になるだろう。たとえうまくいっても、オプション取引が難しすぎて自分の手に負えなかったら？　最初は取りつくろえるかもしれないが、一週間か一ヵ月後にはクビになるかもしれない。

タクシーの同乗は非調和的な行動だ。ほとんどの人はそんな行動をとろうと思わない。だがコーンはどうだろう。母親にせめてハイスクールは卒業してくれと哀願され、卒業後はトラック運転手をめざすもうまくいかず、ようやくアルミサッシの営業の仕事についた。彼には失うものがなかった。

「子どものときからの積みかさねで、失敗には慣れっこだった」とコーンは言う。「私の知っている識字障害者はたいていそうだ。大学を出るころには、失敗をうまくやりすごす能力が身についている。ものごとの悪い面をさんざん見てきているから、少々のことでは動じない。それが自分の出発点だからね。だからこそ、逆に良い面がすぐ目につく。識字障害でなかったら、あのチャンスをモノにできなかっただろうし、自分はここまで成功しなかった」。

識字障害は、ふつうなら眠ったままの能力をいやおうなく引きだす。ポーランドに工場を建てたり、初対面の相手とタクシーに乗りあったりと、ふつうなら思いもしない行動に打って出るのも、この障害のおかげだ。もちろんカンプラードは識字障害者だ。そしてゲーリー・コーンはどうなった？　失敗への備えや対応が、ビジネスの世界でキャリアを積むのにとても重要だということを知った彼は、トレーダーとしてめきめき頭角を現わした。

いまや彼は……ゴールドマン・サックスの社長だ。

第5章

親に先立たれた子が勝つには

不幸な体験がリモートミスに変わるとき

フライライクの苦悩

ジェイ・フライライクは、幼いときに父親がとつぜん世を去った。

ハンガリー移民のフライライク家はシカゴでレストランを営んでいたが、一九二九年の株価大暴落ですべてを失った。

「父は浴室で見つかりました。あれは自殺だったと思います。あのときの父は孤独でした。兄を頼ってシカゴにやってきたのに、株価が暴落して兄は街を出ていった。妻と二人の幼子を抱え、一文なしで、レストランは人手に渡ってしまった。将来を絶望したんだと思います」

母親は低賃金の工場に勤めに出た。帽子のつばを縫いつける仕事だ。一個仕上げると二セント。彼女は英語があまり話せなかった。

「アパートの家賃を払うために、一日一八時間、休日もなく働いていました。私たちは母の姿をほとんど見ることがありませんでした。アパートはハンボルト・パークの西側にあり、ゲットーに隣接していました。五歳と二歳の幼児だけで留守番させるわけにいかないので、アイルランド移民の女性をメイドに雇い、通いで世話をしてもらっていました。だから私が二歳のときから、母親はその人だったんです。でも私が九歳のとき、母が妻を亡くしたハンガリー人男性と知りあい、結婚することになりました。しょぼくれた感じの暗い男で、息子がひとりいました。やがて、工場をやめた母が家にいるようになると、メイドはもう置いておけないのでクビにしました。私の〝母親〟がクビになったんです。そのことはいまだに恨みに思ってます」

一家はアパートを転々として暮らした。タンパク質が摂取できるのは週に一回だけ。当時牛乳は一本五セントだったが、四セントで売ってくれる店を探してあちこち歩きまわったことをフライライクは覚えている。フライライクは路上で一日を過ごし、盗みも働いた。厳格な姉とは打ちとけられなかった。義父もきらいだったが、どのみち結婚は長く続かなかった。かといって母親も好きにはなれなかった。

「工場勤めで心をすりへらしたのか、母はとても怒りっぽかった。不細工な男と結婚したあげく、連れ子には私がもらえるはずの分け前を半分とられ、あげくに〝母親〟をクビにした……」

フライライクの声が先細りになる。

デスクの前に座るフライライクは白いジャケット姿だ。

「母に抱きしめてもらったり、キスされた記憶がないんです。死んだ父のことは、話題にもしませんでした。やさしかったのか、暴君だったのか。どんな人だったのかといつも想像してます。

写真は一枚だけありますよ」

彼はそう言って、コンピューターのフォルダーをクリックした。粒子の粗い古ぼけた画像の男性は、当然のことながらフライライクによく似ていた。画像の縁がまっすぐでないから、大きな家族写真から切りとったのだろう。

育ての親であるアイルランド人のメイドは、何という名前でしたか？　私の質問に、フライライクは口ごもった。「実は知らないんですよ。でも思いだせるかも」。彼はそう言って、しばらく考えこんだ。

「姉は覚えていたはずだし、母はもちろん知ってました。でも二人ともこの世にはもういない。存命の親族はほとんどいなくて、いとこが二人いるだけです」

私が話を聞いたとき、フライライクは八四歳だった。メイドの名前が思いだせなかったりしたが、それは老いのせいではないだろう。むしろ記憶は恐ろしいほど確かだった。彼と会ったのは全部で三回だが、日付や人名、できごとを克明に記憶していたし、一度出た話題に触れるときは、「前に話しましたね」とひとこと付けくわえるほどだった。

「爆撃が怖くなくなる」理由

第二次世界大戦の気配が濃厚になってきたころ、イギリス政府には大きな懸念があった。戦争になったら、ドイツ空軍がロンドンに猛攻を仕掛けるだろう。それを止めるすべはない。軍事戦略家のバジル・リデル＝ハートは、ドイツ軍による空襲が始まれば、最初の一週間でロンドン市民の死傷者は二五万人にのぼると推測した。ウィンストン・チャーチルは、ロンドンは「敵の格好の標的であり、猛獣が舌なめずりをする丸々と肥えた立派な牛だ」と表現し、三〇〇万～四〇〇万人が地方に疎開すると計算した。

開戦前夜の一九三七年、イギリス軍司令部が不吉な報告書を発表する。ドイツ軍の空襲が継続的に行なわれると、死者は六〇万人、負傷者は一二〇万人になるというものだ。ロンドン市民は恐怖のあまり職場を放棄して、工業生産が立ちいかなくなるだろう。政府はロンドンの地下に防空壕網を張りめぐらせることを検討したが、すぐにあきらめた。防空壕に入った市民が、二度と出てこなくなると思ったからだ。空襲の恐怖で心理面に打撃を受ける人が続出することが予想され、郊外に精神科病院がいくつか新設された。

一九四〇年秋、恐れていたことがいよいよ現実になった。ドイツ空軍の爆撃機がロンドン上空に来襲し、高性能爆弾と焼夷弾を投下したのだ。なかでも最初の空襲は五七日間続いた。死者は四万人、負傷者は四万六〇〇〇人。損壊した建物は一〇〇万棟になり、とりわけイースト・エンドは壊滅的な被害を受けた。すべてはイギリス政府の予想どおりだった——たったひとつ、ロンドン市民の反応を除いては。

人びとはパニックに陥らなかった。郊外に建てられた精神科病院は閑古鳥が鳴いていたので、軍事施設に転用された。女性と子どもは多くが疎開したが、市内に残らざるをえない人たちはそのまま残った。政府が驚いたのは、市民が空襲に勇敢に立ちむかう姿もさることながら、彼らが見せる無頓着に近い不思議な態度だった。

イギリスのある精神科医は終戦後すぐの時期にこう書いている。「一九四〇年一〇月、数度にわたる空襲を受けた直後のサウスイーストを訪れる機会があった……」。

……一〇〇メートルごとに、爆弾でできた大きな穴や、住宅や商店の廃墟が現われる。空襲警報が鳴りだし、成りゆきを見守った。子どもの手を引いて歩いていた修道女が先を急ぐ。だが彼女と私のほかは、誰も警報に気づいていないかのようだった。少年たちは通りで遊び、買い物客は値段交渉に余念がない。警官はいかめしい面もちで交通整理を続け、自転車は死の恐怖も交通ルールもおかまいなく疾走していく。私の見るかぎり、空を見あげる者は皆無だった。

そんなバカなと思うだろう。戦時下である。爆弾が炸裂して、四方八方に飛びちる破片が直撃したら即死だ。焼夷弾が毎夜あちこちを燃えあがらせ、一〇〇万人が住む家を失っていた。間に合わせの防空壕となった地下鉄駅には毎夜大勢の人が詰めかけ、外では爆撃機の轟音《ごうおん》や爆発音、高射砲の発射音が響き、救急車や消防車のサイレンがひっきりなしに聞こえてきた。一九四〇年九月一二日の夜に実施されたある調査では、ロンドン市民の三分の一が前夜は一睡もできず、もう三分の一が眠れたのは四時間未満だったと答えた。これがもしニューヨークだったら？　自分の働くオフィスビルががれきと化す生活が二ヵ月半ずっと続く生活に耐えられるだろうか？

ロンドン市民のこの冷静な態度は、少々のことでは動じない「ジョン・ブル魂」の発露と言うこともできる。しかし他の国でも、同じように激しい空襲下で住民は平然としていることがわかってきた。つまり空襲は、当初想定されていたような打撃を与えていないということだ。

この謎を解明したのが、カナダの精神科医J・T・マカーディとその著書『モラールの構造The Structure of Morale』だった。

マカーディによると、爆弾を落とされた人は三つのグループに分かれるという。

ひとつは「死ぬ人」。空襲体験で最悪の被害をこうむるグループだ——当たり前だが。このグループに関して、マカーディはこう書いている。「共同体のモラールは生存者の反応に左右される。ゆえに死者は関与しない。死体は走りまわってパニックを拡散しないのである」。

次が「ニアミス・グループ」である。


爆風を受け、目の前で建物が破壊され、死体の山に恐れおののき、自らも負傷しながらも生命は失わなかったグループである。彼らは強烈な印象を受けている。ここでの「印象」は空襲にまつわる恐怖反応を補強するものであり、その結果「ショック」を引きおこすこともある。

この「ショック」も意味の広い言葉で、茫然自失、感覚麻痺《まひ》、神経過敏、それに目にした恐怖が頭から離れないといったことがすべて含まれる。

第三は「リモートミス・グループ」。サイレンは聞こえるし、敵の爆撃機が上空を飛ぶのを見たし、爆発音も耳に飛びこんでくる。でも爆弾が落ちるのは通りをずっと行った先か、隣のブロックだ。これを二度、三度と繰りかえすうちに、彼らが空襲体験で抱く感情はニアミス・グループと正反対になる。それは「どこか不死身感の漂う興奮」だとマカーディは指摘する。ニアミスは心身に深い傷を残すが、リモートミスは無敵感覚を植えつけるのである。

大空襲をくぐりぬけたロンドン市民の日記や回想には、こうした現象を裏づける記述がたくさんある。

初めて空襲警報が鳴ったときは、子どもたちを連れて公園の防空壕に逃げこみました。このまま死んでしまうにちがいないと思っていました。でも何ごともなく終わって防空壕を出たときは、何があっても死なないと思うようになっていました。

別の女性は、爆発で家が激しく揺れたときのことをこう回想している。

ベッドに横たわったまま、何ともいえない満ちたりた勝利感を味わっていました。「いま爆撃されてる！」そう何度もつぶやいていました。まるでおろしたてのドレスのぐあいを確かめるように。

その夜はたくさんの人が死んだり、けがをしたりしました。だから不謹慎かもしれないんですが、あのときほど純粋で完全無欠な幸福感を味わったことはありません。

なぜロンドン市民は大空襲にもひるまなかったのだろう？　ロンドンは八〇〇万人以上が暮らす大都会だ。それで死者四万人、負傷者四万六〇〇〇人ということは、ニアミスで心身に傷を負った人よりも、リモートミスで強烈な高揚感を覚えた人のほうがはるかに多かったと言える。

「私たちはただ怖がるだけではなく」とマカーディは解説する。

怖がることを怖がってもいる。それだけに恐怖を克服すると気持ちが高揚する……空襲になったらパニックに陥ると思っていたのに、実際の場面では落ちつきはらった態度を周囲に見せることができて、なおかつ無事だった。事前の危惧といまの安堵感の落差が自信につながり、それが勇気の源になったのだ。

大空襲が最も激しかったとき、ボタン工場で働いていた中年の男性は疎開の打診を受けた。彼の自宅には二度も爆弾が落ちていたが、そのたびに妻とこどもも助かった。男性は疎開を断った。

「こんな経験、いままでになかったし、この先も二度とない。それをみすみす見のがせというのかい？　冗談じゃない！」

同じできごとなのに、心身に深い傷を受ける人もいれば、反対に幸福感や充実感で舞いあがる人もいる。ボタン工場の男性も、爆発の衝撃で揺れる家にいた女性も、胸がわくわくしていたはずだ。どう言いつくろってもこれは事実だ。ただ、そのとき彼らのなかに恐怖心は存在しなかった。だからこそ戦時下の耐えがたい生活を乗りきることができたのかもしれない。

識字障害でも同じことが言える。識字障害者の多くは、欠落した能力を別の形で補うことができないでいる。そのために道を踏みはずし、犯罪に手を染める者もいる。けれどもゲーリー・コーンやデビッド・ボイスのような人間には、この障害が正反対の影響を及ぼした。コーンは識字障害のせいで不安だらけのみじめな人生を歩んでいたが、彼自身が頭が良く、家族の支えがあり、少々の幸運もあったおかげで、最悪の展開をまぬがれることができた。けれども私たちは開戦前のイギリス政府と同様、深刻な損害をもたらす不幸なできごとが一種類の結果しか引きおこさないと思いこんでいる。だがそうではなく、結果にはプラスとマイナスの二種類が存在するのだ。ということで、フライライクが記憶の隅に押しやったままの子ども時代をもう少しのぞいてみよう。

噴火山のような性格の医者

フライライクは九歳のとき、重い扁桃炎にかかった。地元で開業するローゼンブルームという医師が往診して、炎症を起こした扁桃腺の切除をしてくれた。そのときのことを彼はこう回想している。

「ふだんまわりは女性ばかりだったので、男の人を見るのがめずらしかった。たまにいてもオーバーオール姿の薄汚れた連中ばかり。でもローゼンブルームはスーツ姿でネクタイを締め、威厳があって親切でした。私は一〇歳ぐらいから、有名な医者になることを夢見るようになりました。それ以外の職業は考えもしなかった」

ハイスクールでは物理教師が目をかけて、大学進学を勧めてくれた。「大学に行くにはどれぐらい必要なんですか？」。フライライクの問いに教師は答えた。「まあ二五ドルってところかな。それぐらいなら工面できるだろう？」。一九四二年のことだ。社会は落ちついてきていたが、人びとの暮らし向きはまだ苦しかった。「うちの母は、二五ドルなんて大金を見たこともなかったでしょう。でも相談すると、何とかしてみると答えたんです。二日後、母が家に戻ってきました。夫の遺産を相続したハンガリー系の未亡人がいて、なぜだか母に二五ドルくれたというんです。母はそのお金をそっくり渡してくれました。私がいまここにいられるのも、そのおかげです。気持ちは一六歳のままで、とても楽観的ですよ」。

フライライクは鉄道でシカゴからイリノイ大学のあるシャンペーン＝アーバナに向かった。下宿屋で部屋を借り、学生会館食堂のウェイターの仕事を見つける。給料で授業料をまかなえるし、食費も浮いて一石二鳥だった。成績優秀なフライライクはメディカルスクールに進学し、シカゴで最大級の公立病院、クック郡病院でインターンとなった。

医師というと社会で特別扱いを受ける立場であり、アッパーミドルクラスの出身者がめざすことが多い。だがフライライクはちがった。身長一九三センチ、胸板が厚く、肩幅がっしりしている彼は、八〇代になったいまでも威圧的な存在感を放ち、母音がきついシカゴ風アクセントでひっきりなしにしゃべる。熱中してくると大声になって、テーブルをこぶしで叩く癖がある。勢いあまって、ガラスのテーブルを割ったこともあるほどだ。

フライライクは、裕福な家に生まれた女性と交際したことがある。無骨な大男で、一九三〇年代のギャングかと思うようなフライライクと対照的に、彼女は上品で洗練されていた。

「彼女はシンフォニー・コンサートに連れていってくれた。バレエや観劇も初めての体験だった。世間のことを知る手段は、母が買った小さなテレビだけだったんです。文学も、美術も、音楽も、ダンスもまったく縁がなかった。殺されたり、叩きのめされたりせずに、食べていくのがせいいっぱいでした」

フライライクはボストンで研究助手の地位を得ることができた。専門は血液学。そこで徴兵され、ワシントンDCにある国立ガン研究所（以下＝ガン研）に赴任してそこで軍務を終えた。フライライクは優秀で仕事熱心な医師だった。朝は誰よりも早く病院に出勤し、夜はいちばん遅くまで残っている。だが粗野な育ちはそのままで、こらえ性がなく、すぐに火山のように噴火を起こした。当時の同僚は、フライライクに初めて会ったときの強烈な印象をこう語っている。「部屋の奥で、バカでかい男が電話の受話器に向かってどなり、吠えまくっていた」。「衝動を抑えることができず、頭に浮かんだことをそのまましゃべってしまう」と評する同僚もいた。シカゴのプレスビテリアン病院では看護師長と激しく対立してクビになった。これを皮切りに、計七回も勤務先を解雇されている。ある日、フライライクが指導していたレジデント（医学研修生）が、患者の些細な検査結果を見落としたことがあった。そのミスとは関係ない原因で患者は死亡した。ところがフライライクは、ほかの医師も看護師もいるところで、レジデントをどなりつけ、人殺し呼ばわりした。レジデントは耐えきれずに泣きだしたという。

新人時代にフライライクのもとで働いていた腫瘍学者のエヴァン・ハーシュは、彼のことを「いまも親しくしている友人のひとり」だと話す。「私たち夫婦の結婚式にも来てもらったし、父親みたいに思ってます。ただ当時のフライライクは野獣でしたね。大げんかもして、何週間も口もきかないことがありました」。

ふつうの人は同じ職場で働く人間を人殺し呼ばわりしない。なぜならば、相手の気持ちになって考えることができるから。相手の感情を想像し、まるで自分のことのように感じることができる。それはひとえに、自分が苦境に陥ったとき、誰かに支えられ、慰められ、理解を示してもらった経験があるおかげだ。その経験が、他者に向ける感情のお手本となり、共感の出発点となる。ところがフライライクの子ども時代は、他者とのつながりは死か放棄で断ちきられてばかりで、苦痛と怒りしかあとに残らなかった。

医師としての半生を振りかえっていたフライライクが、インタビュー中に急に敵意をむきだしにしたことがあった。末期のガン患者が入るホスピスの話になったときだ。フライライクは声のトーンが上がり、目がつりあがってきた。

「あなたはガンでもうすぐ死にます。痛みは激しく、悲惨なことになるから、気持ちよく死ねるところを紹介しましょう――そんなこと患者に言えますか？　私ならこう言いますよ。あなたがガンで望みがなくても、私は苦痛をとりのぞくために全力を尽くします。治ることだってあるかもしれない。私は毎日奇跡を見てますからね、と。人はどんなときでも、生きる希望を持たなくてはならない。その希望を与えるのが医者の仕事です」

けっして希望を捨てず、あきらめない医者は頼もしい。けれども私たちは、患者の気持ちに寄りそい、その心の内をわかってくれる医者に世話になりたいとも思う。患者に共感し、敬意を払ってくれる医者ならなおありがたい。フライライクはそれができるだろうか？

偉人たちのある共通点

一九六〇年代初頭、マーヴィン・アイゼンスタットという心理学者が「創造者インタビュー」プロジェクトを行なった。アーティストや起業家など、先入観を取りはらって斬新なことに挑戦する人たちの話を聞いて、共通するパターンや傾向をあぶりだそうというものだ。

回答者の話を分析していたアイゼンスタットは、奇妙な共通項に気づいた。子ども時代に片方の親を亡くした人がやたらと多いのだ。調査対象者の数を考えると、たんなる偶然と言えなくもないが、どうもひっかかる。もし偶然ではなく、何か意味があるのだとしたら？

その疑問を解くヒントは、一九五〇年代の心理学論文にあった。何人もの著名な生物学者を調べていた科学史研究者のアン・ロウが、早い時期に少なくとも片方の親を亡くした人が多いと指摘していたのだ。数年後、有名な詩人や作家（キーツ、ワーズワース、コールリッジ、スウィフト、エドワード・ギボン、サッカレーなど）を調べた非公式の研究でも、対象者の半数以上が一五歳になるまでに父親もしくは母親を失っていたことが判明した。その道の第一人者になることと、子どものときの喪失体験はまるで無関係に思える。どこをどう結びつければよいのか、誰もが手をこまねいていた。そこでアイゼンスタットは、野心的な取り組みを開始することにした。

アイゼンスタットは『エンサイクロペディア・ブリタニカ』『エンサイクロペディア・アメリカーナ』とにらめっこをして、一段以上の記述がある人物を抜きだした。ホメロスからジョン・F・ケネディまで全部で六九九人。次に彼らの生涯を追跡していったわけだが、すべて調べおわるのに「一〇年かかりました」とアイゼンスタットは言う。

「外国語の文献に当たり、カリフォルニアに飛び、議会図書館に足を運び、ニューヨークにある系図図書館にも行って、統計的に有意な結果が得られたと思うまでひたすら追跡しました」

信頼できる伝記的情報が入手できた五七三人のうち、約四分の一が一〇歳までに片方の親を失っていた。一五歳までだとその割合は三四・五パーセントになり、二〇歳まででは四五パーセントにまでなった。病気や事故、戦争のせいで平均余命がいまよりずっと短かった時代を加味しても、かなり顕著な数字だ。

アイゼンスタットがこの調査を行なっていたのと同じころ、歴史学者のルシル・アイルモンガーは一九世紀はじめから第二次世界大戦開戦までのイギリス歴代首相について本を書きはじめた。イギリスが世界最強の国だった時代に国家のトップにのぼりつめた人びとには、経歴や資質に共通点があるのだろうか。そんな疑問から調査を始めたアイルモンガーだが、彼女もアイゼンスタットと同じ脇道にそれることになる。「最初はただの偶然だと思っていた」と本人が書いているが、対象となった首相の六七パーセントが一六歳までに片方の親を亡くしているのである。彼らのうち大半の出身であるイギリス上流階級の平均の二倍だ。

まったく同じパターンが、アメリカ大統領にも見ることができた。ジョージ・ワシントンからバラク・オバマに至る四四人の大統領のうち、一二人が少年時代に死別・生別を問わず父親を失っていた。[1]

これをきっかけに、子ども時代の困難と親との離別が研究者のあいだで頻繁《ひんぱん》に取りあげられるようになった。たとえば心理学者ディーン・サイモントンは、「ギフテッド」と呼ばれる才能に恵まれた子どもの多くが、それを生かしきれずに終わる現状を考察した小論のなかで、「彼らが心理的に健全すぎる」ことが理由のひとつだと述べている。「革命的な発想で大成功するにはあまりに保守的で、従順で、想像力がなさすぎる」のだ、と。いわゆるギフテッドや神童は、恵まれた家庭環境から出てくることが多いのに対し、天才は逆境で育つ傾向がある、と。

こうした研究結果は、親との離別は良いことなのかと早合点されがちだ。アイゼンスタットも、周囲から「親がいないほうが成功するってこと？　もし俺が親父を殺したら？」と冗談めかして言われるそうだ。「世間では、親は子どもを助ける存在だとされているから、親を亡くして成功するという意見は脅威なんでしょう」という彼の主張はまったくもって正しい。

親が不可欠な存在であることに変わりはない。だから片方の親を失うことは、子どもの身に降りかかる最大の悲劇だ。精神科医のフェリックス・ブラウンが受刑者を調査したところ、子ども時代に片方の親を失った人の割合は平均の二〜三倍も高かった。親の不在は良くも悪くも子どもの人生を直撃するのである。[2]

(1) ジョージ・ワシントン、トマス・ジェファーソン、ジェームズ・モンロー、アンドリュー・ジャクソン、アンドリュー・ジョンソン、ラザフォード・ヘイズ、ジェームズ・ガーフィールド、グローバー・クリーブランド、ハーバート・フーバー、ジェラルド・フォード、ビル・クリントン、そしてバラク・オバマの一二人である。

(2) ブラウンはこの調査の冒頭にワーズワースの一節を引用している。

　彼女は私たちの学びと愛の
　よりどころであり、ちょうつがいだった
　彼女は私たちを置きざりにした
　それでも私たちはともに歩んでいこう

ただアイゼンスタットやアイルモンガーらの研究を見ると、親の死が遠まわりをして何らかの影響をおよぼすこともあるようだ。父親が自死した息子が筆舌に尽くしがたい子ども時代を過ごし、当時の記憶を片隅にしまいこんでしまう。それが後年良い形になって現われるのである。「親の不在が望ましいということではない。ただ孤児でありながら優れた業績をあげた人がいる以上、必要に迫られて好ましい特性が得られることがあるのかもしれない[3]」

小児白血病棟

ジェイ・フライライクは一九五五年に国立ガン研究所に入り、ガン治療の責任者だったゴードン・ズブロドのもとで働くことになった。研究所は敷地の真ん中に病院があり、そこの二階にある小児白血病棟がフライライクの担当だった[4]。

そのころ、小児白血病はガンのなかでも最も恐れられている病気だった。一歳か二歳の幼い子が何の前ぶれもなく発症し、高熱と激しい頭痛に苦しめられる。次々と感染症にかかるが、病気に抵抗できる体力は失われるばかりで、やがて出血が始まる。

「ズブロド先生は週に一回のペースで様子を見にきました」とフライライクは当時を振りかえる。「先生は私にこう言うんです。フライライク、ここはまるで戦場じゃないか。どこもかしこも血だらけだ。きれいにしたまえ！　そうなんです、白血病の子どもはあらゆる場所から出血します。排便や排尿のときに出血すると最悪で、天井まで血が飛びちります。耳の穴や毛穴からも血が出るんです。朝は白かった看護師たちの制服も、勤務を終えるころには血まみれです」

出血は体内でも起きる。肝臓や脾臓が出血すると激痛に襲われ、ベッドの上でのたうちまわって身体中あざだらけになる。大変なのは鼻血で、急いで鼻を押さえて氷を当てても、鼻の穴にガーゼを詰めても追いつかない。耳鼻咽喉科の医師を呼んで、口の奥にガーゼを入れ、鼻孔にひっぱりだす。鼻の内側から血管を圧迫して止血を試みるわけだが、子どもには苦痛そのものだ。

おまけに効果がないことが多く、ガーゼを抜くとまた出血が始まるのだった。病気を治す手だてがないまま、子どもたちは失血が原因で命を落としていた。フライライクは言う。

「九〇パーセントの子どもは、入院から六週間以内に死亡していました。失血死です。口と鼻から出血していると、ものが食べられません。飲みこもうとしても吐いてしまう。腸からの出血で下痢もひどい。栄養が摂取できずに餓死するんです。感染症から肺炎になり、高熱とけいれんを起こして……」。彼の声がしぼんだ。

小児白血病棟の医師は長続きしない。負担が大きすぎるのだ。同じころ病棟に勤務していた内科医はこう話してくれた。

(3)イギリスの評論家トマス・ド・クインシーの文章にこんな一節がある。「幼いころに孤児になったことが強みかどうかは、本人の性質で変わってくる」。

(4)白血病と科学との戦いについては、ピュリッツァー賞を受けたシッダールタ・ムカジー著『病の皇帝「がん」に挑む』（田中文訳、二〇一三年、早川書房）で白血病を取りあげた章があるので、ぜひ読んでほしい。

「朝七時から仕事を始めて、終わるのは夜九時。心理的に打ちのめされて家路につきます。私は切手収集が趣味になりました。夜の一〇時に切手を眺めるのが、仕事を忘れられる唯一のひとときでした。子どもの両親もおびえていました。わが子の病室に入ろうにも、ドアの前で足がすくんでいるんです。あの病棟の勤務を希望する者は皆無でした。私が担当した子どもは一年間で七〇人亡くなりました。悪夢でしたよ[(5)]」

だがフライライクはちがった。精神的に参ったりすることもなく、親といっしょに子どもに迫る死を嘆いたりもしなかった。彼はガン研のトム・フライと協力して出血の原因を探り、血小板の不足だと確信した。血小板は血中を漂っている不規則な形の物質だが、白血病になると血小板をつくる能力が失われ、血小板が不足すると血がかたまらなくなる。当時は型破りだったこの発想に、フライライクの上司のひとりで、血液学の世界的権威だったジョージ・ブレカーは懐疑的だった。しかしフライライクは巧みな手法で、ほんの少ししかない血小板でも、数の変化を確実にとらえて分析を行なった。その結果は明白で、血小板の数が少ないほど出血は激しかった。白血病の子どもたちには、新鮮な血小板を大量に、しかも繰りかえし輸血する必要があった。

だがガン研の血液バンクは、規定にはずれているという理由で提供を拒否した。フライライクはテーブルをこぶしで叩いて、「おまえらは人殺しだ」とどなった。当時ガン研でフライライクの同僚だったディック・シルバーは言う。

「相手を考えれば、ふつうはそんなこと言いませんよ。でも彼はおかまいなしでした」

フライライクは外部で血液提供者を探すことにした。ある患者の父親が牧師をしていて、教区の人間を二〇人集めてくれた。だが時代は一九五〇年代半ばだ。金属の注射針で採った血液はゴムのチューブを通ってガラス瓶に入れられる。血小板はそうした素材にくっついてしまうことがわかった。フライライクは当時最先端だったシリコンの注射針とビニールの輸血袋を使うことにした。輸血袋はソーセージとあだ名がつくほど巨大なものだった。

フライライクの同僚だったビンス・デビータは言う。

「身体の小さな子どもに輸血するときは、うまくやらないと子どもが心臓発作を起こしてしまい

---

(5) 一九六〇年代、作家のピーター・ド・ヴリーズは娘を白血病で失った。このときの体験をもとにした『羊の血』という作品には、こんな一節がある。

「子ども病棟に戻ると、おなじみの光景が繰りかえされていた。死の間際のわが子に付きそう母親たち。慈愛に満ちた表情を無理やり浮かべて。みどり児の虐殺。片脚しかない少女が松葉杖をついて、おぼつかない足どりで廊下を歩くと、看護師たちが言葉巧みに励ましていく。閉じられた扉の窓ガラスの向こうでは、男の子がベッドの上で身体を起こしていた。頭全体から血がにじんでいる。司祭は呼ばれたらいつでも男の子のそばに行けるよう、壁ぎわで待機している。隣の部屋では、五歳の男の子が頭にメトトレキサートの点滴中だった。いや、正確には故障で止まった点滴装置を、作業員たちが真剣な表情で修理しているのを眺めていた。さらに隣の病室では、小さな子が枕にもたれてテレビのクイズ番組を見ている……長くゆっくりと続く別れの地獄のなかで、親も子どもも翻弄される。検査室の吸血鬼たちは彼らのなかを永遠にさまよいながら、骨や血管から検体を吸いとり、敵がどんな痕跡を残したか確かめる。白衣姿の医師は悪魔がいろんな形で巣食う手足を切断し、頭に穴を開け、生殖器を切りとる。一〇〇〇万時間もの奮闘の成果を、当人の医師たちはどう思っていたのか？　彼らが臓器から臓器、関節から関節へと犯人を追跡しつづけるうちに、自慢の技《わざ》を発揮するところはなくなってくる。病気を引きのばすという技を」

ます。そのころガン研の臨床責任者だったバーリンという男は、ソーセージを見るなり『頭がおかしいんじゃないか』と騒ぎ出し、血小板輸血を続けるならガン研をクビにすると言いわたしました」

だがフライクはまったく動じない。

「輸血ができないのであれば、こっちからやめてやる。彼はそう決めていたんです」

こうして子どもたちの出血は止まった。

主に救われた牧師

フライクのこの勇気はどこから来たのだろう？　高慢で威圧的な印象を与える彼のことだから、生まれつきの性質と言えなくもない。だがマカーディの「ニアミス・リモートミス」説からすると、後天的に獲得した可能性が浮上してくる。

ロンドン大空襲の実体験について、マカーディがどんなことを書いているかもう一度見てみよう。

私たちはただ怖がるだけではなく、怖がることを怖がってもいる。それだけに恐怖を克服すると気持ちが高揚する……空襲になったらパニックに陥ると思っていたのに、実際の場面では落ちつきはらった態度を周囲に見せることができて、なおかつ無事だった。事前の危惧といまの安堵感の落差が自信につながり、それが勇気の源になったのだ。

私たちはただ怖がるだけではなく、怖がることを怖がってもいる。

空襲というものが初体験だったロンドン市民は、さぞ恐ろしいことにちがいないと予測した。空襲が始まったらどんな気持ちになるのだろう——そんな予測が彼らを恐怖に陥れたのだ。(6) そしていざ空襲が始まり、何ヵ月も何ヵ月も爆弾が雨あられと降ってくるなかで、リモートミスを経験した人びとは、思ったほど恐ろしくなかったと感じる。恐怖を克服すると気持ちが高揚する……事前の危惧といまの安堵感の落差が自信につながり、それが勇気の源になったのだ。

どうやら勇気とは、困難をくぐりぬけたあと、「思ったほどきつくなかったな」と感じたときに湧いてくるものらしい。これでドイツが致命的な過ちを犯したことがわかるだろう。ロンドン大空襲は、イギリス人を恐怖に陥れ、士気をくじくのがねらいだったのに、まるで逆効果だったのだ。リモートミスを体験したロンドン市民は勇気百倍になった。これなら空襲などしないほうがよかった。

(6) 未来の状況で自分がどう感じるかを想像することを、心理学用語で「感情予測」と呼ぶ。私たちはこの感情予測がものすごく大げさだ。心理学者スタンリー・J・ラックマンが、ヘビ嫌いの人にヘビを見せたり、閉所恐怖症の人を狭い押し入れに閉じこめたりしたところ、実際の経験は想像したより恐ろしく感じないことがわかった。

次章ではアメリカの公民権運動指導者マーティン・ルーサー・キング・ジュニアが、アラバマ州バーミングハムで展開した運動を紹介するが、その前にこの章でぜひとも触れておきたいことがある。

バーミングハム運動でキングとともに活躍したのが、フレッド・シャトルズワースというバプティスト派の牧師だった。以前からこの町の人種隔離政策に反対していた彼は、一九五六年のクリスマスの朝、市営バスに乗って白人席に座ると宣言する。実行前夜、シャトルズワースの自宅は、白人至上主義を唱える秘密結社クー・クラックス・クラン（KKK）のメンバーによって爆破されていた。ナチスがロンドン大空襲でやろうとしたことと同じだ。しかしKKKもまた、ニアミスとリモートミスのちがいをわかっていなかった。

バーミングハムでの公民権運動の歴史を描いたダイアン・マクウォーター著『Carry Me Home（私を家に連れてかえって）』には、爆破直後の様子が記されている。

深夜の爆発音を聞いた警察や近所の住民が駆けつけると、シャトルズワースが住んでいた牧師館はがれきの山と化し、煙が立ちのぼっていた。ベッドに入っていたシャトルズワースは、てっきり死んだものと誰もが思った。

するとと残骸のなかから声がした。「服を着てないから表に出られない」。誰かがレインコートを投げこむと、しばらくしてそれを着て出てきた。足を引きずってもいないし、出血もしていない。目も見える。一マイル先の窓ガラスが割れるほどの激しい爆発だったのに、耳もふつうに聞こえていた……シャトルズワースは手に持った聖書を高く掲げて、心配そうに見守る近所の人たちに言った。「主が私を守ってくれた。ケガひとつしていない……」。

大柄な警官が泣きだした。

「牧師さん、俺は誰のしわざか知ってる。ここまでやるとは思ってなかった。俺があんたなら、町を出るよ。あいつらは鬼畜だ」

だがシャトルズワースはこう答えた。

「おまわりさん、私はあんたじゃない。クランの兄弟たちに言ってやってくれ。主に救われた以上、私は最後までここに残るとね。戦いは始まったばかりだ」

これは典型的なリモートトミスだ。シャトルズワースは死にもしなければケガもせず、完全に無傷だった。シャトルズワースは、もう以前のような恐怖心にとらわれることはない。ＫＫＫの思惑は完全にはずれた。

翌朝、教区民たちは運動を中止してほしいと懇願したが、シャトルズワースは拒否した。マクウォーターはこんな風に書いている。

「ばからしい。バスにはぜったい乗ってやる」。聖職者らしからぬ言葉づかいで、彼は信徒たちに言った。「怖いのならどこか隙間を探して身を隠したらいい。でも私はこの会合が終わったら、ダウンタウンを堂々と歩いてバスに乗る。ついてくる者がいようといまいと、うしろを振りかえったりしない」。シャトルズワースは説教をするときの深い声でこう付けくわえた。

「いくじなしは引っこんでろ。男は前進あるのみだ」

数ヵ月後、シャトルズワースは娘を白人しかいないジョン・ハーバート・フィリップス・ハイスクールに入学させることにした。学校に近づいたとき、怒った白人たちが彼の車を取りかこんだ。ふたたびマクウォーターから引用しよう。

娘は目を疑ったが、父親は車を降りた。男たちは怒声を張りあげ、ナックルダスターをはめたこぶしや、棍棒、鎖を振りまわした。舗道の西側に逃げたシャトルズワースは何度も叩きのめされた。誰かにコートの襟をひっぱりあげられたせいで、腕を下げて身を守ることもできない……「こいつはもう逃げられんぞ」。誰かが叫ぶと、ほかの連中も「殺しちまおうぜ」と勢いこんだ。白人の女たちも「ニガーを殺しておしまい。そうすりゃすべて片がつく」とあおる。男たちは車の窓ガラスを割ろうとしはじめた。

それでシャトルズワースはどうなったか？　どうもならなかった。地面を這うようにして車に戻り、病院に駆けこんだ。診察を受けたところ、腎臓が軽い損傷を受け、ひっかき傷とあざができていただけで、午後には退院した。その夜集まった信徒たちを前に、襲撃者に対しては許すだけだと語っている。

シャトルズワースが強靱で不屈な精神の持ち主だったのはまちがいない。そして吹きとばされた牧師館の残骸から姿を現わしたとき、彼はもうひとつ新しい鎧をまとっていた。私たちはただ怖がるだけではなく、怖がることを怖がってもいる。それだけに恐怖を克服すると気持ちが高揚する……事前の危惧といまの安堵感の落差が自信につながり、それが勇気の源になったのだ。そのうえフィリップス・ハイスクールの一件だ。これもリモートミスだった。病院を出たシャトルズワースはたちまち記者たちに囲まれたが、そのときこう語っている。「一年に二度も奇跡が起きて、命が救われた」。シャトルズワースは天にものぼる心地だったろう。

それからまもなく、シャトルズワースは牧師仲間のジム・ファーマーを連れてアラバマ州モンゴメリーの教会に向かっていた。ファーマーをマーティン・ルーサー・キングに引きあわせるためだ。ところが町には暴徒が集結し、南部連合の旗を振りまわしている。暴徒はシャトルズワースたちが乗った車に取りついて、激しく揺らしはじめた。運転手は向きを変えて別の道を行こうとしたが、そこでも行く手をはばまれた。シャトルズワースはどうしたかというと、フィリップス・ハイスクールのときと同じく車を降りた。マクウォーターの本にはこう書かれている。

コーラの瓶で車のガラスが割られたとき、異臭に気づいた。催涙ガスだ。シャトルズワースは車を降りるようファーマーに合図をして、暴徒の群れに自ら出ていった。ファーマーは「死ぬほど怖かった」が、食い道楽らしく恰幅の良い身体をせいいっぱい縮めて、シャトルズワースの細い影に隠れるようにしてついていった。暴徒たちは左右に分かれ、棍棒を振りあげていた手をおろす。シャトルズワースはジャケットの糸一本抜かれることなく、教会に到着した。「開けてくれ」。シャトルズワースが発したのはその一言だけだった。

これが三回目のリモートミス。

だが親を亡くすのは、自宅を爆破されたり、怒りくるった暴徒に囲まれるのとは訳がちがう。一瞬で終わるできごとではないし、傷も癒えないだろう。子どもにとって、親を失うのは最悪の恐怖だ。だが、もしもそれが現実で起こったにもかかわらず、ふつうに立っている自分に気づいたとしたら？　シャトルズワースやロンドン市民がリモートミスで得たのと同じように、自信がみなぎり、勇気が湧いてくるのではないだろうか(7)。

マクウォーターは別の衝突の様子も記している。

「シャトルズワースは留置場に連行される途中、警官に殴られ、むこうずねを蹴られ、サル呼ばわりされた。『なんで俺を殴りかえさないんだ？』と焚きつけられたとき、シャトルズワースはこう答えた。『きみを愛しているからだよ』。シャトルズワースは腕を組み、笑みを浮かべて歩きだした。留置場では歌うことも祈ることも禁じられたので、居眠りをしていた」

陸空海でガンを攻撃せよ

フライライクが止血に成功したことは画期的だった。失血死をまぬがれて、子どもたちはやっと本来の病気の治療を受けられるようになったのだ。

だが、さらに厄介な問題が立ちはだかる。小児白血病に多少なりとも効果がある薬は、ほんのわずかしかなかった。ガン細胞を殺すメトトレキサートとメルカプトプリンのほかは、ステロイド剤のプレドニゾロンぐらいだ。どれも非常に強力なので、投与量は低く抑えなくてはならない。そのため体内のガン細胞を全滅させることはできない。一週間かそこら体調が良くなって

---

(7)ニューヨークの精神科医、ピーター・メザンがこんな話をしてくれた。

「もう何年も前にこんな患者がいた。たたきあげで大企業を築きあげた彼だが、子ども時代は悲惨だった。まず六歳のとき、母親が目の前で死んだ。父親に激しくどなられて、ひきつけを起こしたんだ。ギャングだった父親もその後殺されてしまい、彼はきょうだいともども孤児院に引きとられた。逆境を克服しながら成長した彼は、ほかの人なら尻ごみするような賭けにもあえて打って出た。失うものは何もないと思っていたんだろう」。メザンは長年の経験から、子ども時代に大きな不幸を体験した人のなかに、後年大成功をおさめる人がいるのは謎でも何でもないと話す。心に深い傷を負っても耐え、生きぬいてきたことで、自由になれるというのだ。「彼らは世界の枠組み――人びとが正しいと信じ、真実と決めこんでいること、常識や習慣になっていること、当たり前だと思っていることをぶち壊す。彼らは枠組みにとらわれず、外に出ることができる。子ども時代というふつうの枠組みがぶち壊されて、彼らには存在していないからだ」。

も、すぐに生きのこったガン細胞が増殖して暴れはじめる。

ガン研の臨床センターに、マックスウェル・ウィントローブというコンサルタントがいた。血液学の教科書を最初に執筆した人物として世界的に有名で、小児白血病治療の最新事情についても論評していた。そんなウィントローブが発した言葉を、フライライクはいまでも学生たちに紹介している。「どの薬にしても、苦しみを引きのばすという意味で有益と言うよりむしろ有害だ。患者はいずれは全員死ぬ。薬は状態を悪化させるだけだから、使うべきではない」。それが世界的権威の見解だったのだ。

だがフライライクと同僚のトム・フライは、世界的権威の態度は後ろ向きすぎると思っていた。いまの量ではガン細胞をつぶしきれないのだとすれば、もっと積極的な投与を行なうべきではないのか？　メトトレキサートとメルカプトプリンを併用するのはどうだろう？　この二つはガン細胞への攻撃のやりかたが異なっており、たとえるなら陸軍と海軍みたいなもの。メルカプトプリンで生きのびたガン細胞も、メトトレキサートがやっつけてくれる。さらにプレドニゾロンを加えてみたらどうか。こちらは空軍で、陸と海からの攻撃を空から掩護してくれるはずだ。

ここでフライライクは四番目の薬と出会う。ニチニチソウという植物由来のビンクリスチンで、製薬会社イーライリリーが研究目的でガン研に提供していた。フライライクはこれが白血病治療に使えると直感する。「そのとき私は瀕死の子どもを二五人抱えていました。もはや打つ手はなし。だから思ったんです。試してみようじゃないか。どうせ死ぬのだしと」。こうしてほかの薬が効かなくなった子どもに投与してみたところ、一時的に症状がやわらぐ例がいくつか出てきた。

いまでこそ、二種類以上の薬剤を組みあわせて投与する「カクテル療法」はガン治療では当たり前になっている。しかし一九六〇年代はじめのころは、そんな方法は誰も知らなかった。当時ガン治療で使われていた薬剤は強すぎて危険だとされていたし、フライライクが目をつけたビンクリスチンともなると、完全に未知数だ。その作用は手さぐりで確かめていくしかない。

「副作用はあるのかって？　もちろんです。気分が激しく落ちこむし、神経障害や身体麻痺が起こり、投与量が多すぎると昏睡状態に陥ります。最初に投与した一四人のうち、亡くなった子はひとりか二人でしたが、脳が完全にだめになっていました」

マックスウェル・ウィントローブは薬を使わないほうが人道的だと考え、フライライクとフライは一度に四種類使うほうが子どもを救えると考えた。フライはガン研の諮問委員会に、新しい治療法の承認を要請した。陸海空の総攻撃をかけるのだ。だがまったく相手にされなかった。

フライはそのときのことをこう振りかえる。

「諮問委員のひとりに、カール・ムーアという血液学の重鎮がいました。ムーア博士は父と同郷の友人だったので、てっきり味方についてくれると思っていたんです。ところが私の提案を、ムーアは論外だと決めつけました。小児白血病にくわしくない博士は成人のホジキン病を引きあいに出し、病気が進行した患者はフロリダで余生を送らせるのがいちばんだと言いました。重症のホジキン病患者には、少量のX線照射か、せいぜい窒素マスタードを使うぐらいで、薬剤の投与は最小限に抑えるのが常識でした。積極的な治療は倫理に反するし、ましてや四種類の薬をいっぺんに与えるなど、言語道断だったんです」

行きづまったフライとフライライクは、上司のゴードン・ズブロドに相談した。血小板輸血でのフライライクの奮闘ぶりを知っていたものの、ズブロドは尻ごみする。国立の研究所で、反抗的な二人の研究者が毒性の強い薬剤を何種類も混ぜて、四〜五歳の幼児に投与するというのだ。この病棟で起きたことはすべてズブロドの責任で、何かあれば議会委員会に喚問される立場なのだから、ためらうのも当然だろう。だがフライライクがこういう緻密な交渉に不向きなことは、自他ともに認めるところだ。「フライは私と正反対の人間です。ものごとをじっくり考え、人間味がある」。これらの薬剤はたしかに毒性が強いが、副作用に対処できるぎりぎりの量まで使うことで、子どもたちが生きられるかもしれない。フライの主張に、とうとうズブロドも折れた。

「無謀なのは百も承知です。でもアイデアも方法もまちがってない。血小板のときと同じで、うまくいく確信がありました。やるしかなかったんです！」

投与試験はＶＡＭＰと名づけられた。病棟で働く若手研修医たちは、ありえないと言って協力を拒否した。フライライクたちは薬剤のオーダーから調合、注射、血液検査、出血量の測定まですべてこなさなくてはならなかった。初回試験の対象は一三人。最初に投与を受けた女の子は量が多すぎて、危篤状態になった。フライライクは抗生物質を与え、人工呼吸器をつけて付きそった。女の子は危機を脱したが、その後の再発で亡くなってしまった。フライライクとフライは投与の詳細を手なおしして、次の患者に取りかかる。その子はジャニスという名前で、症状が改善した。三番目も、そして四番目の子どもも回復した。

　だがどうしてもガン細胞が少し残ってしまう。一回の投与では足りないのだ。そこで二回目の投与に踏みきったが、それでもつぶしきれなかった。

「計三回投与しましたが、一三人中一二人で再発しました。こうなったら道はひとつ。月一回の投与を一年続けることにしたんです(8)」

　最初の試験のとき、フライライクたちはどうかしてると言われた。今度は完全に頭がいかれていると思われたにちがいない。

---

(8)化学療法を繰りかえし行ない、ガンが消えたように見えてもある程度続ける治療法は、一九五〇年代後半に国立ガン研究所のM・C・リーとロイ・ハーツが始めたものだ。リーは、子宮ガンの一種である絨毛《じゅうもう》ガンの患者にメトトレキサートを繰りかえし投与して、ついにガン細胞を根絶することに成功した。固形腫瘍が化学療法で完治した最初の例である。

　だが、リーが最初に提案したとき、この治療法は残酷すぎるからやめるように言われた。それでもリーは強行し、ガンが治ったにもかかわらず解雇された。「当時はそういう空気だったんですよ」とビンス・デビータは言う。「症例検討会では、自然寛解ではないかという話になりました。メトトレキサートが効いたとは誰も思わなかったんです」。フライライクはいまもリーの話題になると、畏怖の念をにじませる。ある学会でリーの業績を軽んじるような発言が出たとき、フライライクは場もわきまえずはじかれたように立ちあがり、「M・C・リーは絨毛ガンを治したんだぞ！」と叫んだという。

「症状が完全に寛解し、元気に歩いている子やフットボールをしている子をふたたび病院に押しこんで病人に戻すんですから。血小板や白血球の数が激減し、いつ出血したり、感染症にかかったりするかわかりません」

親たちの苦悶は察するに余りある。子どもを生かすためと言われて投与試験に参加しているのに、わが子が何度も死の淵をさまようのだから。

フライライクは子どもたちを生かすために、全身全霊で仕事に打ちこんだ。患者が発熱するとまず血液培養を行ない、その結果をもとに投与する抗生物質を決める。使う抗生物質は通常一度に一種類だけ。組みあわせることはまずない。ところが「フライライクは、それじゃダメだと言ったんです」とデビータは振りかえる。「子どもたちが熱を出したら、抗生物質を併用してでも、すぐに下げなくちゃだめだ。さもないと三時間で手遅れになると」。髄液には使用してはいけないとされる抗生物質も、フライライクはかまわず投与するよう指示した。ルールにはずれたことこそ、やるべきなのだと。

フライライクは激しい非難を浴びた。完全に頭がいかれていると揶揄《やゆ》されても、ひたすら自分の仕事を続けた。ハーバード出の同僚たちはとりわけ辛辣で、部屋の奥に固まってはフライライクのやることなすことに口を出した。もちろんフライライクも言われっぱなしではない。仕事のじゃまになると思ったら、会議に乗りこんで、問題の相手を罵倒することもあった。そんなときはフライが割って入り、その場を丸くおさめるのが常だった。フライライクは、他人にどう思われようがおかまいなしだったのか？　そんなことはない。それでも正しいと信じることを貫くときに、他人の目は関係なかった。

デビータは言う。「なぜ彼はあそこまでやりとおせたのか。私にはわかりません」。

でも、私たちはその答えを知っている——過去にもっとひどい目にあってきたからだ。

一九六五年、フライライクとフライは「急性白血病の化学療法における前進と展望」と題する共著の論文を専門誌『化学療法学会報告』に掲載し、小児白血病の有効な治療法を開発したと報告した。今日、小児白血病の治癒率は九〇パーセントを超える。フライライクとフライの功績と、二人に続いた研究者たちの努力によって生命を救われた子どもは数えきれない。

直撃弾を強靱な意志に転換する

フライライクは自分の子ども時代に感謝すべきだろうか？

答えはもちろんノーだ。誰であろうと、あんな子ども時代を経験していいはずがない。前章で話を聞いた識字障害者にも、似たような質問を投げかけた——自分の子どもが識字障害であることを望みますか？　こちらも答えは全員ノーだった。グレイザーはそんなことを想像しただけで身ぶるいがすると言い、ゲーリー・コーンは恐ろしくてたまらないと答えた。デビッド・ボイスは二人の息子が識字障害だ。だが周囲は、子どもがまだ小さいうちから字を上手に読ませようとする。そんな環境に生きる息子たちを見ていると、胸がつぶれるという。ハリウッドきっての敏腕プロデューサー、ウォール街を代表する金融グループの社長、そしてアメリカで最も売れっ子の弁護士が、識字障害が成功の鍵だったと口をそろえる。しかし成功には代償がつきまとう。それを痛いほどわかっているからこそ、わが子には同じ経験をしてほしくないと断言するのだ。

だがここで問うべきは、「わが子に何を望むか」ということではない。「子ども時代に心に深い傷を負いながら、それを乗りこえてきた人がいないと、社会は成りたたないのか」。この問いには、イエスと答えざるをえない。リモートミスをくぐり抜けて強くなった人に、どうしても頼らなければならない時と場合がある。フライライクは論外とされてきたことをあえて選択肢として取りあげ、子どもを実験台にしてすさまじい苦痛を味わわせた。なぜ彼がそんなことをしたかというと、自らの子ども時代の経験から、ひとつの確信があったからだろう――暗黒の地獄でどれほど叩きのめされようと、傷を癒してよみがえることは可能だ、と。白血病はいわば直撃弾だが、フライライクはそれをリモートミスに転換したのである。

フライライクはあるとき悟った。子どものガンの経過観察には、採血して血液中のガン細胞の数を数えるだけではだめだ。血液検査では異常がなくても、骨髄にガン細胞が潜んでいることがあるからだ。激しい苦痛を伴う骨髄検査を毎月行なって確かめないかぎり、ガンが治ったかどうかわからない。フライライクの検査方針を知ったマックスウェル・ウィントローブは、虐待だと言ってやめさせようとした。患者に同情するウィントローブの言い分はわからないでもない。だがその同情は、病気を治すことにはつながらないのだ。

「骨髄採取はこんな風にやるんですよ」。フライライクは大きな手を広げ、子どもの細い腿をつかむしぐさをしてみせた。その瞬間、フライライクの顔に苦悶の表情がよぎった。

「一八か一九ゲージの太い注射針を、ひざの下の脛骨に直接刺しこみます。麻酔はしません。なぜかって？　麻酔の注射じたいがすでに激痛だからですよ。ヒステリーを起こして泣きさけぶ子どもを、親と看護師が総出で押さえつける。骨髄からガン細胞が完全に消えたとわかるまで、それを毎回繰りかえすんです」

最愛の人

フライライクは研修医だったとき、ハロルディン・カニンガムという看護師と知りあってデートを申しこんだ。彼女の答えはノーだった。「若い先生たちはみんな威勢が良かったけど、とくに彼はずけずけ物を言うと評判だったんです。二度ほど電話がありましたが、断りました」。

ある週末、ハロルディンがシカゴ郊外のおばの家を訪ねたとき、電話のベルが鳴った。フライライクからだった。電車でシカゴからやってきて、駅からかけてきたのだ。「来ちゃったよ」と電話の向こうでフライライクは言った。とにかくしつこい人だったとハロルディンは振りかえる。一九五〇年代はじめのことだった。それ以来、二人はずっと夫婦を続けている。

フライライクは大男だが、ハロルディンはとても小柄だ。ただ芯の通った強さを内に秘めている。「あの人を見れば、何を欲しているかわかるの」とハロルディンは言う。フライライクが病院で患者の血と苦しみを一身に受けつづけ、深夜に帰宅すると、そこに彼女がいた。

「彼女は私を愛してくれた最初の女性、天から降りてきた天使です。彼女が私という人間を発見してくれました。私のなかに何かを見いだし、慈しんでくれたんです。私は彼女にすべてをゆだねています。私が毎日を過ごしていけるのも、この人のおかげです」

ハロルディン自身も生まれは貧しく、シカゴのはずれの小さなアパートに家族で暮らしていた。一二歳のとき、浴室に入ろうとしたらドアが開かなかった。「母が内側から鍵をかけていたんです。下の階の大家さんに助けを求めたら、窓から入ってくれましたが、すぐに病院に電話しましたが、母は助かりませんでした。一二～一三歳の子どもにくわしい事情は知る由もありませんが、母は不幸でした。父は家を出ていました。いい父親ではなかった」。

ハロルディンは、フライライクのオフィスで椅子に座っている。夫の人生が嵐の吹きあれる海だとすれば、妻はそこに現われた安らぎの島だ。

「だけどね、愛さえあれば大切な人を救えるかというと、そんなことはないんです。ただ、いくらひどいことをされても相手の苦しみがわかるから、腹は立たないんです。生きていれば、いろんなことで元気が出たり、反対にへこんだりします。私たちはそれが共通しているんです」

第6章　マイノリティの人種・民族が勝つには

公民権運動とトリックスターの関係

世界を変えた一枚

アメリカ公民権運動の歴史を伝える有名な写真がある。一九六三年五月三日、AP通信のビル・ハドソンが撮影したものだ。場所はアラバマ州バーミングハム。マーティン・ルーサー・キング・ジュニアを支持する活動家たちが、地元警察のユージン・コナー署長（通称は「ブル・コナー」）と激しく対立していた町だ。黒人少年が警察犬に襲われている瞬間は、いまなお強烈な印象を与える。

その日の撮影を終えたハドソンは、編集者のジム・ラクソンにフィルムごと渡した。映像をひとつずつ確認していたラクソンは、「ジャーマンシェパードに噛みつかれながらも、落ちつきはらった少年の聖者のような態度」を写しとったこの一枚に目が釘づけになる。

ラクソンはすぐにこの写真を配信した。翌日〈ニューヨーク・タイムズ〉紙は一面に三段ぶち抜きで掲載する。他の全国紙も同様だった。ケネディ大統領はこの写真を見て絶句し、ディーン・ラスク国務長官は「海外の友人たちを当惑させ、敵を喜ばせる」と憂慮した。全米がこの写真の話題でもちきりになる。あるジャーナリストはこう評した。

「身なりのきちんとしたやせっぽちの少年は、両腕をたらし、犬に身体を預けているようだ。静かなまなざしで、『捕まえるがいい。ぼくは逃げないから』と言っているように見える」

マーティン・ルーサー・キングをはじめとする公民権運動の活動家は、アメリカ南部に横行し、黒人住民の就職、選挙、教育、さらには白人と同じ水飲み場を使う機会まで奪ってきた差別的な法律や政策と戦いつづけてきた。それがたった一枚の写真で、世間の風向きが急変したのである。一年後にアメリカ連邦議会で成立した一九六四年公民権法は、「バーミングハムが起草の地だった」と言われている。

マイノリティという武器

一九六三年、マーティン・ルーサー・キングがバーミングハムにやってきたとき、公民権運動は危機的状況にあった。それ以前の九ヵ月間は、三二〇キロメートル南のジョージア州オールバニーで差別反対運動を指揮してきたが、これといった成果もなく町を出ることになった。

公民権運動の最大の勝利は一九五四年のブラウン対教育委員会裁判で、最高裁は「公教育における人種差別は憲法違反」とする判決を下した。それから一〇年たったにもかかわらず、ディープサウスと呼ばれる南部諸州では、公立学校で人種差別がはびこっていた。一九四〇年代から五

PHOTO：AP/Aflo

○年代はじめにかけて、南部の州政は穏健派が担っており、黒人住民の尊厳を認めようとする姿勢があった。「ビッグ・ジム」の愛称で親しまれたフォルサム・アラバマ州知事は、「人間はみな同じ」というのが口ぐせだった。しかし一九六〇年代に入るとそうした穏健派は姿を消し、強硬な人種差別主義者が実権を握る。南部は時代を逆戻りしていた。

ではバーミングハムは？　この町は「アメリカ南部のヨハネスブルク」と呼ばれるほどで、アメリカで最も人種差別が激しいところだった。活動家を乗せたバスがバーミングハムに向かっていたら、地元警察に足止めされ、クー・クラックス・クランの人間に火をつけられた。黒人が白人の居住地域に家を持とうとすると、決まってダイナマイトで爆破される。同様の事件が頻発するので、ボムビンガムの別称がつくほどだった。ダイアン・マクウォーターは、前章でも紹介した『Carry Me Home』のなかで次のように書いている。

「バーミングハムでは、通りに出て疑わしい人間を二、三人射殺すれば、強盗や強姦といった犯罪を抑止できると本気で信じられていた」

バーミングハム警察署長のユージン・〝ブル〟コナーは、ずんぐりした短軀の男で、耳が大きく、「ウシガエルの声」の持ち主だった。コナーが注目を集めたのは一九三八年、白人と黒人がそれぞれ代表を出して開かれた政治集会のときだった。コナーは人種隔離を定めた市の法令に従い[(1)]、会場となった公会堂前の芝生にロープを張って黒人席と白人席をきっちり分けた。この集会の出席者に、大統領夫人のエレノア・ルーズヴェルトがいた。「まちがった」席に座った彼女を、警察は無理やり白人席に移動させた。

コナーはダウンタウンにあるモートン・ホテルで、アルコール度数五〇度のオールド・グランドダッド・バーボンを朝からひっかけながら、ユダヤ人は「ニガーの表裏をひっくりかえしただけだ」といった冗談を飛ばすのが常だった。バーミングハムには、冗談にもならない冗談を口にする者が多かった。

〈シカゴの黒人が朝目覚めて妻に言った。「イエスさまが夢に出てきて『バーミングハムに行け』と言った」。妻は恐れおののいた。「それでイエスさまはいっしょに行ってくれるって?」。すると男はこう答えた。「いや、行くのはメンフィスまでだってさ」。〉

さて、オールバニーからバーミングハム入りしたキング牧師は、さっそく準備チームと打ちあわせを始めた。このとき彼は、集まった人びとを見まわし、彼らを称えるしぐさでこう言った。

「このなかの何人かは、今日生きて戻ってこられないだろう」

力でも数でも、キングは圧倒的に不利だった。けれども彼には武器があった。それはデビッド・ボイスの識字障害、ジェイ・フライライクの極貧の子ども時代と同じたぐいの武器だ。キン

(1)コナーの伝記『ブル・コナー Bull Connor』を書いたウィリアム・ナネレーは、該当法令がバーミングハム市法令第三六九項であることを確認した。「白人と有色人」に同室でサービスを提供する際は別々の入り口を設け、高さ二メートルの仕切りで分けることと定められている。

グの場合は、出身社会そのものが一貫してマイノリティ、つまり劣勢にあったことだ。アフリカ系アメリカ人は数百年ものあいだ、力も数も圧倒的に不利な状況に置かれてきたが、そのなかで巨人と戦うにはコツがあることを学んでいた。

ブラー・ラビットの教え

地域を問わず、抑圧を受けてきた文化にはかならず「トリックスター」が存在する。伝承や歌に登場し、一見おとなしい動物か何かの姿をしているが、巧みな悪知恵を働かせて自分より大きな敵をやっつける。たとえば、アフリカから西インド諸島に連れてこられた奴隷たちに親しまれていたのがアナンシと呼ばれる蜘蛛の物語[(2)]、そしてアメリカに渡った奴隷にはしっぽの短いブラー・ラビットがいた[(3)]。

一〇〇年前、民俗学者のインタビューを受けた、ある元奴隷は「神さまがおつくりになった生き物のなかじゃ、ラビットがいちばん調子こいてる」と語った。

からだがでかいわけでも、声がやかましいわけでもねえが、うまいことやりやがるんだ。面倒なことになったら、別の誰かをひっぱりこんでまんまと抜けだす。ラビットが深い井戸に落ちたとき、泣いてわめくかって？　ちがうんだな。いかにもごきげんな感じで口笛を吹いて、歌を歌う。通りかかったオオカミが、何ごとかとのぞきこむと、ラビットはこう言うんだ。

「そっちは暑くてかなわんが、ここは涼しくて気持ちいいなあ。ふたりぶんの場所はないけどね。おまえさん、そこの桶に入ってこっちに降りてこないかい」。オオカミは喜びいさんで桶といっしょに井戸に飛びこむ。すると入れかわりにラビットは外に出て、笑いながら言うんだよ。「これが人生ってやつさ。誰かが上がれば、誰かが落ちる」。

ブラー・ラビットでいちばん有名な話はこれだろう。キツネがタールでかわいい赤ちゃん人形をこしらえた。ブラー・ラビットが人形を抱きあげると、ベタベタにくっついてしまう。ワナにかかったと、ほくそ笑むキツネにラビットは懇願する。「俺をどうしようと勝手だが、あのいばらの茂みに放りこむのだけはやめてくれ」。それを聞いたキツネは、ラビットをいばらに放りこんだ。ところがラビットにとって、いばらは自分が生まれて育ったところ。とげをうまく使って

(2)西インド諸島出身の私の母は、子どものころ聞いたアナンシの物語を私たちにも話してくれた。母の語るアナンシは子だくさんで、目的のためならわが子をだまし、犠牲にするのも平気な悪党だった。母は由緒正しいジャマイカ婦人だったが、アナンシの話をするときだけは茶目っ気が全開になった。

(3)ローレンス・レバイン著『黒人文化と黒人意識——奴隷時代から自由を得るまでのアフロ・アメリカンの民俗的思考 Black Culture and Black Consciousness: Afro-American Folk Thought from Slavery to Freedom』には次のような記述がある。「ラビットの物語を紡ぎだした奴隷たちと同様、ラビットも自分の持てるもので何とかするしかなかった。短いしっぽと、自然が与えてくれたささやかな脳みそだけで乗りきるために、どんな手も使う——道徳的にはよろしくないことかもしれないが、おかげで困難を生きのび、ときには打ち勝つこともできた」。

タールの人形から自由になったラビットは、丸太に腰かけて脚を組み、あっけにとられるキツネに勝ちほこって言った。「やれやれ、毛についたベタベタを木ぎれで取らなくちゃな」。

いつか俺たちも、あんな風に白人を出しぬいてやりたい……トリックスターの物語には、奴隷たちのそんな願いが込められている。と同時に、歴史家ローレンス・レバインが書いているように、「痛切なまでに現実的で、逆境を生きぬき、場合によっては克服するすべを教えている」のである。

数でも力でも圧倒的に弱い側が、知恵をうまく使って不利な状況をはねかえすことはできる。ブラー・ラビットの根底にはそんな教えがある。ブラー・ラビットは、キツネの性格をよくわかっていた。意地悪なキツネは、ラビットが「それだけはやめてくれ」と懇願すれば、わざとそのとおりのことをするだろうと踏んでいたのだ。アフリカ系アメリカ人は長い迫害の歴史のなかで、トリックスターの教訓を骨身に叩きこんだとレバインは書いている。

一九世紀の奴隷の実態を観察し、彼らの主人からも聞きとりを行なった記録によると、多くの奴隷が嘘やだまし、盗み、仮病、サボり、命令の意図的な誤解などを積極的に行なっていることがわかった。綿摘みカゴの底に石を入れて重さを稼ぐ。道具をわざと壊す。主人の建物に火をつける。労働逃れのために自分の手足を切りおとす。作物の世話をおろそかにする。家畜を虐待する。奴隷の扱いがあまりに手荒なので、馬の代わりに頑強なロバを使わざるをえなくなった例もある。

識字障害者は、自らの障害を補うために他の技能を伸ばし、それが結果として大きな成功につながった。空襲や親を亡くした経験は、ニアミスだと深い傷を引きずるが、リモートミスだと、かえって精神を強靱にしてくれる。いずれも困難が望ましい形に転化した例だが、そこに第三の例として加わるのがこのトリックスターの話だ——失うものが何もないところに、思わぬ自由が転がっている。

マーティン・ルーサー・キングが率いる南部キリスト教指導者会議で、最高幹部を務めていた人物がワイアット・ウォーカーだ。ウォーカーはバーミングハムの人間で、キングが集めた乏しい人員を組織化して、人種差別をやめようとしない反動勢力との戦いを展開した。キングもウォーカーも、選挙や裁判、あるいはデモといったふつうの戦法が通用しない現実をよくわかっていた。ブル・コナーとまともに力でぶつかっても勝ち目はない。ならばブラー・ラビットよろしく、自分たちをいばらの茂みに投げこむようコナーを誘導するしかない。

抜きさしならない状況をつくり、ブル・コナーの、えげつない手の内を世間にさらす——それがキングの指示だった。そのためにワイアット・ウォーカーが取った手段が、あの写真だ。両腕をたらして抵抗するそぶりもみせず、警察犬に噛みつかれる少年の写真である。

邪魔するやつにはパンチをお見舞いする

ワイアット・ウォーカーはマサチューセッツ州出身のバプティスト派牧師だった。一九六〇年にキングの運動に加わり、彼の片腕として活躍する。すっきりした身体つきで、細い口ひげをたくわえ、水曜午後はゴルフを楽しむ洒落者で、ひょうきんなユーモア感覚も持ちあわせていた。女性を「ダーリン」と呼び、「人の女と話がしたかったから共産青年同盟に入った」などとうそぶいていた。歴史家のテイラー・ブランチは次のように書いている。「大学時代のウォーカーは黒ぶち眼鏡をかけ、当時注目を集めていたトロツキストを気どっていた(4)」。

ピーターズバーグで牧師をしていたとき、彼は家族や取り巻き連中を連れて白人専用の公立図書館に入ったことがある。法律違反で逮捕されて、世間の注目を集めるのがねらいだった。連行されるウォーカーが、集まったカメラマンや記者に向かって一冊の本を掲げた。南北戦争で奴隷制を守るために南部連合軍を指揮した、ロバート・E・リー将軍の伝記だ。町が抱える矛盾を暴きだすためなら、自ら拘束されることもいとわない——それがウォーカーだった。

バーミングハムでは、キングとウォーカー、それに5章にも登場したフレッド・シャトルズワースが三頭指導体制を敷いていた。バーミングハムの公民権運動の顔ともいえるシャトルズワースには、KKKの連中といえども手出しはできない。キングは浮世ばなれした預言者のようで、強烈なカリスマ性にあふれている。ウォーカーはそんな二人の黒子に徹し、キングといっしょのところを写真に撮られないようたえず注意を払った。そのおかげか、バーミングハムでは警察関係者もウォーカーの風貌を正確に把握できていなかった。キングとシャトルズワースはつねに落ちつきはらっていたが、ウォーカーはちがう。

「邪魔をするやつは、遠慮なくパンチをお見舞いする。おはようございます、ごきげんいかがなんて悠長にやってるヒマはない。これは革命なんだ」

アラバマ州モンゴメリーのファースト・バプティスト教会で集会が開かれた夜のこと。信者一五〇〇人が集まり、ウォーカー、キング、シャトルズワースもそろって出席したが、白人の暴徒が教会を取りかこんで、火をつけろと騒ぎだした。誰もが予想したとおり、キングは毅然として言った。「信徒たちを救うには、われわれ指導者が連中の前に出ていくしかない」。シャトルズワースも、いつも変わらぬ静かな物腰でうなずいた。「そうするしかないのなら、やろうじゃないか」。しかしウォーカーは、キングの顔を見て心のなかで「この男、頭がどうかしてる」とつぶやいたという（結局、連邦政府の軍隊が到着して暴徒を追いはらった）。

(4)テイラー・ブランチの著作からさらに引用しよう。

「ウォーカーは短絡的な男だった。一九四〇年代にハイスクールに通っていたころ『自由と平等がアカいということなら、自分はアカだ』とポール・ロブソンが言ったと知って、ウォーカーはすぐ青年共産同盟に入った。ハイスクール時代に書いたレポートのひとつが、ソ連を模したアメリカの経済五ヵ年計画で、人種差別主義者を独創的なテクニックで暗殺することを夢見ていた」

「目的を果たすために、自分の道徳観を曲げたり、折りあいをつけることもあった。自分は結果がすべての人間だから」。ウォーカーはそんなことを言っている。「ほかに選択肢はなかった。ブル・コナーを相手に、道徳がどうのと言ってられなかったんだ」。

ウォーカーはコナーをおちょくるのが大好きだった。南部独特ののんびりした話しかたで、「ニガーがどこそこでデモをやるらしい」と警察に偽の通報をして、緊急出動させる。オフィスビルのロビーをうろついたり、裏道を歩いたりと、デモ行進とも呼べないような行進をして、警察をやきもきさせることもあった。もちろんこれはウォーカー単独の活動でキングは知らない。さすがのウォーカーも、キングを失望させるのはしのびなかった。

「俺のようなニグロは、白人のいろんな声の調子を頭に刻みこんでいる」。バーミングハム運動が終わりを迎えたあと、ウォーカーは詩人ロバート・ペン・ウォレンのロングインタビューに答えている。「声のニュアンスや深さ、頭の動き、舌づかいの鋭さなど、あらゆる手がかりで白人の言葉を解釈する。そうすると、通りいっぺんで聞けばなんてことない言葉にも、とてつもなく深く、強烈な意味が隠れていることがわかる」。

続けてウォレンは、アフリカ系アメリカ人に伝わる、あのトリックスターの話題を出した。

「まさにそれだよ」とウォーカーは言った。表向きはご主人さまが望むような答えを返しつつ、裏にまるで別の意味を込めるのは「最高に楽しい瞬間だ」。ウォーカーのいたずらっぽい笑いが目に見えるようだ。

マーティン・ルーサー・キングはミスター・リーダーと呼ばれ、尊敬を集めたが、ウォーカーはブラー・ラビットそのものだった。

負けるが勝ち

ウォーカーがバーミングハムで計画した活動は、プロジェクトCと名づけられた。対立（confrontation）のCである。活動拠点はダウンタウンから数ブロックのケリー・イングラム公園の隣、シクスティーンス・ストリート・バプティスト教会だった。プロジェクトは三段階に分かれていて、しだいに規模が大きくなり、挑発的になる。第一段階は地元商店でのシットイン（座りこみ）で、人種差別問題にメディアの注目を集めることがねらいだった。夜にはキングとシャトルズワースが中心となって大規模集会を開き、黒人たちを鼓舞した。第二段階はダウンタウンの商店に対する不買運動である。たとえばデパートでは、黒人客は化粧室や試着室が使用禁止だった。あとで白人客が使えなくなるからだ。そこで店の経営を脅かし、黒人客への対応を再考させる必要があった。第三段階はボイコットを支援し、逮捕者を多数出すためのデモ行進。留置場が満杯になれば、「とりあえず拘束」という警察の対応が通用しなくなる。

プロジェクトCは大きな賭けだった。コナーが反撃してきて、手の内をさらけださないことには始まらないが、その保証はない。ジョージア州オールバニーでも同様の試みを続けたが、失敗に終わっている。オールバニー警察のローリー・プリチェット署長はその手に乗らず、暴力や必要以上の力を行使しないよう指示したのだ。プリチェットは公民権に対しては古くさい考えを捨てきれなかったが、キングには敬意を表していた。白人と黒人の対立を取りあげようと北部からたくさんの報道関係者がやってきたが、誰もがプリチェットに好感を抱く結果になった。それでもキングが留置場に放りこまれる事態が起きたが、翌日、立派な身なりの紳士がやってきて、キングは釈放になった。ほかならぬプリチェットが弁護士を送りこんだのだと言われている。

暴動の発生に備えて、プリチェットがダウンタウンのモーテルに缶詰めになったことがあった。モーテルの部屋でキングと話しあいを続けていたプリチェットに、秘書が一通の電報を持ってくる。

私の表情が曇ったのを見て、ドクター・キングは悪い知らせなのかとたずねました。私はこう答えました。「いや、悪い知らせじゃありません。実をいうと、今日は一二回目の結婚記念日でして、それで妻が電報を打ってくれたんです」。それを聞いた彼の言葉を、私は一生忘れません。それは彼と私が理解しあっていた証拠でもあります――「結婚記念日？　あなたの？」。ドクター・キングの問いに、私は答えました。「そうです。もう三週間家に帰ってないもので」。するとキングはこう言いました。「なんてことだ。プリチェット署長、今夜は帰ってください。いますぐ家に戻って、記念日をお祝いしてください。ここジョージア州オールバニーでは、明日まで何も起こらないことを私が約束します。だから奥さんを食事に連れていってあげてください。話しあいは明日の午前一〇時に再開しましょう」。

プリチェットはいばらの茂みにキングを投げこまなかった。これでは戦いようがない。それからまもなく、キングは荷物をまとめてオールバニーを後にした。[5]

オールバニーの失敗からまだ日も浅い。ここでバーミングハムの運動が頓挫しようものなら、大変なことになる。ウォーカーは気持ちを引きしめた。そのころ、夜のテレビニュースは大多数のアメリカ家庭が見ていた。プロジェクトCをブラウン管に連夜にわたって映し出したいが、マスメディアは無情だ。運動がつまずいたと見るや、興味を失って別の話題に向かうだろう。

テイラー・ブランチはこう書いている。

「拡張路線で行くべきだ、とウォーカーは主張した。こちらが強いところを見せれば、外部からの支援もそれに比例して大きくなる。一度動きだしたら後退はない……バーミングハム運動は、

⑸プリチェットはバーミングハムを訪れ、キングとウォーカー、つまり公民権トリックスターへの対応をブル・コナーに助言しようとしたが、コナーは聞く耳を持たなかった。プリチェットはそのときのことをこう振りかえっている。「忘れもしません。オフィスに入ると、彼はこちらに背中を向けていました……背もたれのある立派な椅子が回転すると、そこに座っていたのは小柄な男でした。彼はとどろくような声で、ゴルフ場を閉鎖したといきなり言いだしました。『プレーはできる。だがホールにコンクリートを流しこんでやったからカップインしない』と。それでこの男がどういう人間かよくわかりました」

オールバニーよりぜったいに大規模にする。逮捕者も一度に一〇〇〇人、いやもっと増やすんだ」

しかし数週間もすると、運動の勢いが鈍ってきた。バーミングハムの黒人たちは、キングと活動しているところを見られたら、白人のボスに解雇されると恐れたのだ。四月、教会に集まった七〇〇人の信徒にデモ行進を呼びかけたが、参加者はわずかに九人だった。翌日はさらに減って七人。黒人向けの地元保守系新聞は、プロジェクトCは「無駄で無価値」と切って捨てた。黒人と白人の派手な衝突を伝えようと集まってきた記者やカメラマンも、しだいにいらだちを見せはじめる。コナーはたまに逮捕するぐらいで、静観の構えだった。バーミングハムと本拠地アトランタを行ったり来たりのキングは、「ブル・コナーが手の内をさらけだす方法を見つけるんだ」と口が酸っぱくなるほどウォーカーに言うのだが、そのたびにウォーカーは首を横に振った。

「ミスター・リーダー、まだ鍵がないんだ。でも見つけてみせるよ」。

風向きが変わったのは、復活祭直前の日曜日、いわゆる棕櫚《しゅろ》の聖日だった。その日のデモは参加予定者が二二人。先頭を行くのはキングの末弟アルフレッド・ダニエル、通称ADだった。

「その日は人の集まりが悪く、二時半に出発予定だったのが四時になってしまった。そのころには、話を聞きつけた人びとが通りにたくさん出ていた。いざデモ行進が始まると、一〇〇〇人が舗道で見物している状況だった」

翌日の新聞を開いてウォーカーは驚いた。バーミングハムで一一〇〇人のデモ行進が行なわれたと書かれている。記者が勘違いしたのだ。

「ドクター・キングに電話して叫びましたよ。鍵が見つかった！　とね。それからは集会の開始を遅らせて、勤め人の帰宅時間に合わせることにした。舗道の通行人がデモをしているように見せかけたんだ。実際の参加者は一二人とか一四人でも、新聞は一四〇〇人と書いてくれた」

これとそっくりのトリックスターの物語がある。みすぼらしいカメが、シカと競争することになった。カメは一計を案じる。シカには「カメなんてどれも同じに見える」はずだから、家族や親戚を道の途中に配置して、あたかも本人が走っているように見せかける。そして自分はゴール手前に隠れた。この策略は大当たりで、シカはすっかりだまされた。

黒人は白人の発する言葉のニュアンス、頭の動き、声の調子、舌づかいの鋭さを必死に読みとり、学習する。生きるか死ぬかがそこにかかっているからだ。けれども強い立場の人間は、弱者を観察する必要などない。シカはカメをバカにしている。カメはしょせんカメだろう？　バーミングハムに来た白人ジャーナリストたちもシカと同じだった。「白人の目でしか見ていないんだよ」。ウォーカーは得意顔だ。

「ニグロのデモ参加者と、ニグロの見物人の区別ができていない。みんなニグロなんだ(6)」

(6)ウォーカーにとって、それはいまに始まった話ではなかった。バーミングハム市が南部キリスト教指導者会議に制限をかけ、関係者は毎日裁判所に出頭することになった。それでは活動ができない。ウォーカーは裁判所に登録だけして、あとは毎日別人を出頭させた。なぜか？　「ニグロはみんな同じに見える」からだ。

コナーは傲慢な男で、「バーミングハムでは俺たちが法律だ」といばっていた。いつものようにモートン・ホテルでバーボンを飲んでいた朝、ふと窓を見るとカメが先を走っている。一〇〇人もの「幻のデモ隊」が行進していたのだ。ウォーカーは言う。

「ニガーどもを市庁舎に行かせてはならない――ブル・コナーはそう決めていた節がある。俺はひたすら祈ったね。どうぞブル・コナーが俺たちの邪魔をしますようにってね。デモ隊が市庁舎前で祈りを捧げるなんてふつうのことをしても、マスコミは取りあげてくれないだろう。そうなったら戦いは負けだ」。だがコナーは期待を裏切らなかった。

運動を開始して一ヵ月後、ウォーカーとキングはギアを上げることにする。ジェームズ・ベベルという活動家が、地元学校の児童に非暴力の抵抗活動を指導していた。背が高く、はげ頭で、オーバーオール姿で巧みな話術を繰りだすベベルは、ハーメルンの笛吹き男そのものだ。

四月最後の月曜日、ベベルはバーミングハムと周辺の黒人向けハイスクールにリーフレットをまいた。「木曜正午、シクスティーンス・ストリート・バプティスト教会に集まれ。誰の許可もいらない」。町で人気の黒人ディスクジョッキー、シェリー・スチュワートもリスナーに「みんなで公園のパーティに行こうぜ」と呼びかけた。[7] 情報を嗅ぎつけたFBIが、ブル・コナーに連絡する。ウォーカーはこの日を「Dデー」と名づけた。学校をサボる者は退学だとコナーは息まいたが、若者たちは続々と集まってきた。

午後一時、教会の扉が開いて十数人の若者たちが外に出てきた。「自由」「命を賭してこの国をわがふるさとに」と書かれたプラカードを掲げ、「勝利をわれらに」や「後戻りはしない」といったプロテストソングを歌い、ひざまずいて祈りを捧げた。待ちかまえていた警官隊が、彼らを引きずって次々と護送車に乗せる。するとさらに十数人が教会から出てきた。そのあとも、次々と若者たちが教会から送りだされる。警察もさすがにこれはやられたと思いはじめた。ひとりの警官がフレッド・シャトルズワースを見つけてたずねた。

「おいフレッド、いったい何人いるんだ？」

「少なく見ても一〇〇〇人だな」

「なんだって？」。結局六〇〇人以上の若者が留置場行きになった。

翌金曜日は「ダブルDデー」になった。今度は一五〇〇人が学校をサボってバプティスト教会に集結。午後一時きっかりに、教会から若者たちが出てきた。隣接するケリー・イングラム公園周辺の通りは、警察と消防がバリケードを築いて封鎖していた。警官隊で手に負えなくなったら、コナーは放水車の使用を消防に要請するだろう。ウォーカーはそれがねらいだった。

コナーは警察犬部隊も出動させたくてうずうずしていた。「犬どもの威力を見せてやる」。ケリ

(7) スチュワートはバーミングハムのアフリカ系ティーンエイジャーに絶大な人気があった。彼が発したメッセージには続きがある。「ランチが出るらしいから、歯ブラシを忘れるなよ」。歯ブラシとは隠語で、「留置場に何日かぶちこまれてもいいように、服装とか準備しとけ」という意味だった。

ー・イングラム公園が一触即発の状況になってくると、コナーは叫んだ。ウォーカーにはこれ以上ない展開だ。通りを行進する若者たちに向かって、ジャーマンシェパードが放たれる。若者に吠えかかる警察犬の写真でも配信されたら、願ったりかなったりである。

若者のデモ隊にコナーが警告した。「通りを渡るな。それ以上近づいたら放水するぞ」。留置場は満杯なので、逮捕はできない。それでもデモ隊は歩みを止めなかった。人間相手の放水に慣れていない消防士はためらっている。コナーは消防隊長にどなった。「放水を始めろ、やらないなら家に帰れ」。ようやく消防士がバルブを開き、高圧の水がホースから噴きだした。若者たちは少しずつ後ずさりしはじめた。水の勢いでシャツが裂ける者、壁や扉にぶつかる者もいる。

コナーは、デモ隊が白人地域に入るのを断固阻止する構えだった。「犬を連れてこい」。コナーの命令で、警察犬部隊が投入された。近づいてきた少年に、一頭のジャーマンシェパードが飛びかかった。少年は腕を下げて抵抗しない。土曜日、この写真が全国の新聞の一面に掲載された。

他のやりかたはなかった

あなたなら、ワイアット・ウォーカーの行動はいただけないと思うだろうか。公民権運動の指導者のジェームズ・フォアマンは、コナーが最初に警察犬部隊を投入したとき現場にいたが、ウォーカーはその様子を見て小躍りしたという。「警察の残忍な仕打ちがこれで明るみに出る。はずみがつくぞ」。フォアマンはそれを聞いてぎょっとした。今後の展開しだいでは、バーミングハムはかなり危険なことになる。それを知っていながら、デモ参加者が警察犬に襲われる光景を見て喜ぶとはどういうことだ？(8)

実際キングとウォーカーは、Dデー後、あらゆる方面から激しい非難を浴びた。デモ参加者の処分を決定した判事は、「子どもたちを誘導した」連中こそ刑務所に入るべきだと言った。黒人の活動家で、あらゆる面でキングより過激だったマルコムXまでもが、「子どもを最前線に出すなどということは、人間のやることではない」と発言している。〈ニューヨーク・タイムズ〉紙はキングが「危うい瀬戸際政策に走った」と非難した。ロバート・F・ケネディ司法長官も、「子どもを街頭デモに参加させることは危険と背中合わせだ。子どもが死傷する事態にでもなったら、取りかえしがつかない」と発言している。

少年がジャーマンシェパードに襲われるあの写真は、いわばウォーカーとキングのお膳だてだった。そのために二人は、表と裏の顔を巧みに使いわけた。ブル・コナーには、デモ参加者が実態の一〇〇倍も多いように見せかける。マスコミには、コナーが犬をけしかけた事実に衝撃を受けたと語る。わが子が逮捕された親たちには、留置場は快適で、勉強にも支障はないと言って安心させる。けれども閉じられたドアの向こうでは、してやったりと快哉を叫んでいた。

(8) フォアマンはこう書いている。「警察が無実の人間に暴虐を働くのを見て満足するとは、なんと冷淡で、残酷で、計算高いのかと思った……たとえどんな目的があるとしてもだ」。

だが私たちは、そんなキングたちに眉をひそめるべきではない。これ以外に、どんなやりかたがあったというのか？

子どもなら誰もが知っているウサギとカメの話では、カメはいくらのろくても地道に努力を続け、最後にはウサギに勝つ。それはそれで有意義な教えだが、これはウサギとカメが同じルールで戦えて、誰でも努力が報われる公正な世界の話。一九六三年のバーミングハムは公正な世界ではなかったから、カメは一族郎党を総動員して道の途中に配置するしかなかった。トリックスターは生まれたときからトリックスターではない。必要がそうさせるのだ。

それから二年後、アラバマ州セルマで警官と黒人デモ隊が激しく衝突して流血事件になったとき、〈ライフ〉誌のカメラマンが撮影を中断して警官に追われた若者を救ったことがあった。それを知ったキングはカメラマンをなじった。

「きみが撮らなければ、何が起こったか世界に知ってもらえないじゃないか。冷血人間になるつもりはないが、この場合は騒ぎに身を投じるよりも、殴られる私たちをカメラに収めるほうが重要なんだ」。子どもを使ったことに対する非難を受けて、後にフレッド・シャトルズワースはこう言ってのけた。「あるものはすべて使わなくちゃならない」。

前述したハリウッドのプロデューサー、ブライアン・グレイザーは大学卒業後、ワーナー・ブラザーズで三ヵ月間インターンをしていた。

「労働組合の事務局に秘書が二人もいるような、大きな職場だった。広い部屋が空いていたので、使っていいかと上司にたずねたら、快諾してくれた。いまの私のオフィスより広い部屋だ。私は立場をうまく利用して、法務や実務の契約書を読みまくった。持ちこみのシナリオにも目を通して、なぜ採用になったのか、会社側がどう判断したのかを学んだ。映画ビジネスに必要な知識と情報のありったけを吸収したんだ。電話もかけまくったよ。『ワーナー・ブラザーズ総務部のブライアン・グレイザーです。お会いしてお話をうかがいたいんですが』ってね」

グレイザーはインターンの契約を一年延長し、そのあいだに二つの企画をそれぞれ五〇〇〇ドルでNBCに売ることに成功した。

グレイザーもコーンも、識字障害を持つアウトサイダーだ。門前払いまちがいなしの仕事を、ハッタリでみごと手に入れた。まさかズブの素人が、オプション取引に精通しているなどと大風呂敷を広げるはずがない――コーンをタクシーに同乗させた証券会社の重役はそう思った。「ワーナー・ブラザーズ総務部のブライアン・グレイザーです」と名乗る電話がかかってくれば、カートを押して郵便物を配って歩くインターンだとは思わないだろう。

どちらの行動も「正しい」とは言えない。ただ「何が正しいか」という基準は、往々にして特権階級がよそ者を排除するときの言い訳だったりする。デビッド・ボイスに失うものは何もなく、だからこそ誰かが決めたルールを出しぬく自由があった。ふつうとちょっとちがう脳みその持ち主がトレーダーやハリウッドのプロデューサーになったり、貧相なデモ隊が警察の鼻を明かしたりするには、そうするしかなかったのだ。

世界を変えた一枚の「真実」

ＡＰ通信のビル・ハドソンが撮影した写真の少年は、ハイスクール二年生のウォルター・ガズデンだった。当時一五歳で、身長は一八二センチあった。実を言うと、彼はデモ参加者ではない。その日は学校を途中で抜けだし、公園の様子を見物していたのだ。ちなみに彼の家はバーミングハムとアトランタで二つの保守系新聞を発行しており、キングの運動も痛烈に批判していた。

ガズデンの横にいる警官はディック・ミドルトン。控えめな男だった。犬の名前はレオ。

さて、ここで１６１ページの写真をもう一度よく見てもらいたい。通行人は驚いたり、おびえたりしているだろうか？　ミドルトンが持っている引き綱はぴんと張っていて、レオを制しているように見える。ガズデンはのちに、「自分は犬に囲まれて育ったから、襲われたときに身を守るすべは知っていた」と語っている。ガズデンは、自分の胸ぐらをつかむミドルトンの腕を支えにして、犬の顔にひざ蹴りをお見舞いするところだったのだ。活動家のあいだで、「レオはあごの骨を折られた」という噂も流れたほどだ。つまりこの写真は、世界が思ったのとはまるでちがうものだった。

あるものは使わないと――。

ウォーカーは二〇年後にこう語っている。

「あの写真は一〇〇〇の言葉よりも雄弁だったんだよ、ダーリン」

第3部
力の限界

第3部では「弱者の勝ちかた」ではなく、
「強者の負けかた」にスポットをあてる。
強大な力、万人を屈服させることのできそうな力が、
時として敗北を喫するのはなぜか。
強大な力や権力が人びとの心の中まで
抑えつけることができないのはなぜか。

第7章

精鋭の治安部隊に勝つには

正統性なき統治が失敗する理由

アイルランドの暗い歴史

北アイルランドで「ザ・トラブルズ」、いわゆる北アイルランド紛争が始まったとき、ローズマリー・ロウラーは新婚で、ベルファストに家を買ったばかりだった。赤ん坊も生まれていた。一九六九年夏のことだ。

この国では、カトリック系住民とプロテスタント系住民が最初からにらみあっていたが、その対立が激しさを増し、爆破事件や暴動が頻繁に発生していた。ロイヤリストを名乗るプロテスタント系住民の集団が、通りを我が物顔に歩いては放火を繰りかえす。ロウラー夫妻はカトリックだった。北アイルランドでは一貫して少数派だ。日を追うごとに恐怖が増していった。

「帰宅すると、ドアにこんな落書きがされてるんです――タイグは出ていけ。タイグとはアイルランドのカトリック教徒の蔑称です。ここに教皇はいないと書かれたこともありました。裏庭に爆弾が投げこまれたけど、幸い不発でした。ある日、隣家のドアをノックしたら、誰もいない。

町内からごっそり人がいなくなったんです。仕事から帰宅した夫のテリーに、いったいどうなってるのとたずねました。テリーは『ここは危険だ』と言いました」

「私たちはその夜のうちに家を出ました。息子には着せられるだけ服を着せて、乳母車に乗せました。乳母車の下に手回り品を詰めこむと、テリーが言いました。『いいかロージー、ぼくたちはちょっと散歩に出かけるだけだ。道ですれちがう人には笑顔を向けるんだ』。私は震えていました。まだ一九歳で、子どもが生まれたばかりで、新しい人生が始まったばかりなのに。心底恐ろしかった」

　夫婦が思いつく安全な行き先は、ウェスト・ベルファストにあるバリーマーフィーしかなかった。カトリック系住民が暮らす地域で、テリーの両親も住んでいる。だが夫婦には車がなかった。ベルファスト市内は騒然としていて、カトリック系の地域にはタクシーも行ってくれない。とうとう夫婦は、「赤ん坊のぐあいが悪く、病院に連れていく」と言ってタクシーに乗りこんだ。ドアを閉めたテリーは運転手に告げる。「バリーマーフィーまで頼む」。それは無理だと断る運転手の首に、テリーは火かき棒を突きつけた。「いや、行ってくれ」。運転手はバリーマーフィーのはずれで車を止めた。「刺したいなら刺すがいい。これ以上はぜったい行かない」。

　年が明けて一九七〇年になると、事態はさらに悪化した。復活祭のとき、バリーマーフィーで暴動が発生し、イギリス軍が投入された。有刺鉄線をバンパーに巻いた車が通りをパトロールする。ローズマリーは乳母車を押しながら、自動小銃や催涙弾を持つ兵士の前を通りすぎた。六月、隣の町内で激しい衝突が起きた。カトリック系武装組織の兵士が道の真ん中に出て、舗道にいたプロテスタント系住民に向けて銃を発射した。プロテスタント側は報復として、波止場近くのカトリック教会に火を放つ。銃撃戦は五時間も続き、市内の数百ヵ所で火災が発生した。イギリス内務省の北アイルランド担当大臣がロンドンから飛んできて、惨状を視察した。帰りの機内で彼は頭を抱え、「スコッチをグラスにたっぷり注いでくれ。何て恐ろしいところなんだ」とうめいた。

その一週間後、バリーマーフィーにひとりの女性がやってきた。名前はハリエット・カーソン。

「シティ・ホールでマーガレット・サッチャーにハンドバッグで殴りかかった女性です。ハリエットと私は幼なじみでした。彼女はお鍋の蓋を打ちならしながら『ロウワー・フォールズで人殺しが起きてる』と叫びだしました。私は玄関に駆けよりました。ハリエットはなおも声を張りあげます。『みんな家に閉じこめられて、子どもたちにはミルクがない。お茶の一杯もパンもない。何とかしなくちゃ。さあ出てきて!』」

ロウワー・フォールズとは、バリーマーフィーから坂を下ったところにあるカトリック系の地域だ。ローズマリーはそこの学校に通った。いまもおじさんや、いとこたちが大勢住んでいる。イギリス軍が違法武器の摘発をするあいだ、外出禁止令が出されているのだ。

ローズマリーは最初「外出禁止令」が何のことかわからなかったが、誰かに教えてもらって意味を知ると、衝撃で頭が真っ白になった。どういうこと？　家に閉じこめられて、パンやミルクを買いにも行けないなんて。そのあいだにもイギリス軍がドアを蹴破って侵入し、家のなかを荒らしまくって武器を捜索する。なかには子だくさんの家もあるのに。怒りが沸きあがる。

いまローズマリー・ロウラーは六〇代を迎えた。丈夫そうな身体つきで、頬に赤みが差している。ホワイトブロンドの髪は短くして、サイドに流していた。お針子をしていただけあって服装のセンスが良く、明るい花模様のブラウスに、白の七分丈パンツを合わせていた。はるか遠い昔のことを話しているような口ぶりだが、記憶は正確だ。

「父が言ってました。イギリス軍は牙をむくぞ。口では守ってくれるようなことを言ってるが、見ててごらん。父の言葉は一〇〇パーセント正解でした。彼らは私たちに牙をむきました。夜間外出禁止令はその手はじめだったんです」

すべては損得勘定で動く？

北アイルランド情勢が悪化の一途をたどっていた一九七〇年、アメリカのシンクタンク、ランド研究所の二人のエコノミストが「反乱と権威」と題したレポートを発表した。筆者はネイサン・ライツとチャールズ・ウルフ・ジュニア。このレポートは不穏な世界情勢を背景に広く読まれ、警察の暴動対応や政府のテロ対策の指針になっただけでなく、ベトナム戦争の戦略にも影響を与えたが、その結論は明快だ。

われわれの分析の根底にあるのは、人間は個人でも集団でも「合理的に」ふるまうという前提である。さまざまな選択肢から、損失と利益を天秤にかけながら選んでいく……したがって大衆行動に影響をおよぼすのは共感でも神秘主義でもなく、関係する個人や集団にとってどんな損失や利益があり、それをどう計算しているかを正確に理解することだ。

要するに、反乱行動も突きつめれば数学だということ。ベルファスト市街地で暴徒が家を焼き、窓ガラスを叩きこわすのも、自分たちは大した損失をこうむらないと踏んでいるからだ。ライツとウルフは、すべては損得計算だと言っている。だから権力側の人間も、無法者たちがおのれの行動を「どう感じているか」などと考える必要はない。向こうが二の足を踏むような対応をとればいいだけである。

北アイルランド駐留イギリス軍を指揮していたイアン・フリーランドは、ライツたちのレポートが服を着て歩いているような人物だった。第二次世界大戦のノルマンディー上陸作戦で名をあげ、キプロス紛争やザンジバル革命でも活躍した。背筋をぴんと伸ばし、あごの張った面がまえは、何をすべきかを心得、それを遂行できる人間という印象だ。北アイルランドに着任したフリーランドは、力の行使をためらわなかった。イギリス首相から、「凶徒と殺し屋には厳しく対応し、その様子を世界に見せよ」と命じられていたからだ。

一九七〇年六月三〇日、イギリス軍に内通があった――ロウワー・フォールズのバルカン・ストリート二四番地の住宅に爆薬と武器が隠されている。フリーランドはただちに装甲車五台を差しむけた。兵士と警官が捜索したところ、銃と弾薬が見つかった。表に集まった野次馬たちが、誰ともなく石を投げはじめた。やがて石が火炎瓶に代わる。暴動の始まりだ。

午後一〇時、イギリス軍のがまんもついに限界に達した。ロウワー・フォールズ上空をヘリコプターが旋回し、すべての住民は家に入るように、さもないと逮捕するとスピーカーで命令した。通りから人影が消えたところで、兵士が一軒ずつ強制捜索を開始する。従わないととんでもない目にあった。翌朝、プロテスタント系の市の幹部とジャーナリストの一団をトラックの荷台に乗せて、フリーランドは誇らしげに町内をまわった。ある兵士はそれを「イギリス人総督のトラ狩り」と形容した。

イギリス軍は善意の存在として北アイルランドにやってきた。地元警察だけでは手に負えないので、対立する住民のあいだに立って治安を保つことが任務だった。ましてやここは遠い異国ではない。文化も言葉も共通の同じ国のなかだ。夏が終わるまでには、イングランドに戻れるだろう――ロウワー・フォールズのがらんとした通りを走りながら、フリーランドはそう思っていた。だが実際には数ヵ月で終わるはずもなく、流血と暴力の三〇年が幕を開けたのだった。

イギリス政府は北アイルランドで単純な誤りを犯した。自分たちのほうが武器も兵士も物資も経験も豊富だと高をくくり、北アイルランドの住民にどう思われているかはまったく考慮しなかったのだ。フリーランド将軍は、「大衆行動に影響をおよぼすのは共感でも神秘主義でもない」というライツとウルフの言葉を信じて疑わなかったが、ライツとウルフはまちがっていた。

ＩＲＡ（アイルランド共和軍）暫定派の指導者ショーン・マクシュトイファンは、こう語っている。「たいていの革命は、最初は革命家からではなく、愚劣で野蛮な政府から始まる。たしかに北アイルランドでもそうだった」。

クラス崩壊の犯人

北アイルランド問題でのイギリス政府の失敗をわかりやすく説明しよう。バージニア大学カリー教育大学院のある研究で、幼稚園の教室での様子をビデオ撮影した。明るい色に塗られた壁一面に、園児がお絵かきした作品が貼られている。

先生は椅子に腰かけて、絵本の読みきかせをしていた。ひとりの女の子がその前に立って、先生の言葉を繰りかえしている。ところがその背後では大変なことになっていた。別の女の子は教室をくるくる回るし、わざとしかめっつらをつくる男の子もいる。誰も先生のほうに注意を向けず、教室は大騒ぎだ。

その様子は部外者にどんな印象を与えるだろう？　落ちつきのない子ばかりだな。貧しくてまともなしつけを受けていないのか？　それともこの幼稚園では、先生の言うことを聞きなさいとか、お勉強は大切ですと教えてない？　ライツとウルフなら「先生がもっと規律を叩きこむべきだ」とでも言いそうだ。秩序のない教室では、学ぶものも学べないではないか、と。

だが実際には、この幼稚園は貧しい地域にあるわけでもなければ、子どもたちがとくにやんちゃなわけでもなかった。最初はみんな行儀がよく、注意力もあった。問題は先生のほうにあったのだ。

先生はクラスの女の子を前に呼び、自分が読みきかせる文章を反復させた。そうすることでほかの子たちも興味が増すと思ったからだが、あいにく繰りかえしのペースが間延びしすぎて退屈だった。「ほら、先生の様子を見てくださいね」とバージニア大学のブリジット・ハムレは、そう言ってビデオ映像を示した。「ここでは女の子にしか話しかけてません。残りの園児はほったらかしです」。同じくバージニア大学のロバート・ピアンタが付けくわえる。「読みきかせにリズムもテンポもない。これでは何がしたいのかわかりません。せっかく読みきかせをしているのにもったいない」。

クラス崩壊が始まったのはそのあとだった。男の子がしかめっつらをつくり、女の子がくるくる回りはじめるが、先生はまったく気づいていない。右手にいる三、四人の園児は読みきかせにがんばってついていこうとしているが、先生は絵本を読むことに夢中で、その子たちにまで気がまわらない。左手の五〜六人は完全に背中を向けてしまっている。ただし反抗しているのではない。先生のそばに立っている女の子に視野をさえぎられて、何が起こっているのかわからないだけだ。言うことを聞かない子どもたちに、先生が雷を落とすことはよくある。けれども先生がまともな仕事をしないせいで、子どもたちが反抗的になることもあるのだ。

ハムレとピアンタが次に再生したビデオは、小学三年生の教室を撮影したものだった。先生が宿題のプリントを配り、クラス全員でそこに書かれた指示を読みあげる。それを見てピアンタはあきれていた。「八歳の子どもに宿題の指示を集団で読みあげさせるなんて、ずいぶんな話です」。そんなことをしなくても、子どもたちは自分で指示を読めるからだ。レストランでウェイターからメニューを渡され、書いてある料理をウェイターがいちいち読みあげるようなものだ。

先生のすぐ脇に座っていた男の子が手を上げた。すると先生はその子のほうを見もせず、手首をつかんで上げた手を押しもどした。早くも宿題を始めてしまった別の男の子に、先生は「これはおうちでやる宿題です」と厳しく注意した。ルール破りには断固とした対応をとる——音声を消して見れば、まさにライツとウルフの教えが実践されていると思うだろう。だがこの男の子は、「やっぱりルールは守らなくちゃいけないな」と反省するだろうか？　むしろ腹を立て、幻滅するにちがいない。対応に一貫性がないし、こちらの言い分を伝える場も与えられないからだ。この子が反抗的な生徒になったとしたら、それは先生のせいだ。権威者が他の者に適切な行動をさせるには、まず自分が範を示さねばならない。

これが「権威の正統性を裏づける原則」だ。権威の正統性を成りたたせるものは三つある。第一に、権威に従う側に発言権があること。異議を唱えたとき、傾聴してもらえるかどうか。第二に、法の運用に信頼性があること。今日の法律が、明日もおおむね同じように適用されることだ。第三に、権威に公平性があること。この集団とあの集団で対応が異なってはいけない。

世の賢い親たちはこの三原則を無意識のうちに実践している。ジョニーが妹を叩いて困る。やめさせるには、今日はどなりつけたのに、明日は知らんぷりといった一貫性のない対応ではだめ。妹がジョニーを叩いたときも同様だ。もしジョニーが叩いてないと言いはったら、説明するチャンスを与える。罰を与えるときは、罰の中身もさることながら、「どう」罰するかということも重要だ。

家庭や学校でならわかりやすいこの原則も、法と秩序の世界になるとなかなか難しいことになる。銀行強盗をしてはいけないとか、銃で人を撃ってはいけないというのは、妹を叩いてはいけないこととまったく別次元の話なのか？　ライツとウルフが、犯罪者や暴徒と戦うのに「共感も神秘主義もいらない」と言ったのはそういうことで、法に従うかどうかは、損失と利益の合理的な計算で決まる。個人的な話ではない。だが彼らがまちがっているのはまさしくその点で、犯罪者や暴徒の行動にブレーキをかけるのは、教室で騒ぐ子どもたちをおとなしくさせるのと同じで、正統性頼みなのである。

真心の七面鳥

例をあげよう。ニューヨークのブラウンズビルである実験が続いている。ブルックリンの東、高級住宅街パーク・スロープや、シナゴーグが集中するクラウン・ハイツの先にある人口およそ一万人の地区で、かつてはニューヨークで最も貧しい場所のひとつだった[1]。低所得者向け公営団地が一八ヵ所もあり、ニューヨークでいちばん多い。ニューヨーク全体の犯罪発生率がこの二〇年間に激減したにもかかわらず、殺風景なコンクリート造りの高層住宅がどこまでも続くこの町だけは犯罪の多さに悩まされていた。ごろつき連中が通りをぶらつき、通行人を威嚇する。ときどき警察が人員を増やして町を一斉パトロールするが、効果は一時的だった。

二〇〇三年、ジョアン・ジャッフェという女性の警察幹部がブラウンズビル住宅局の局長に就任した。何か新しいことを始めようと思ったジャッフェは、過去一年間に一度でも逮捕歴のある若者を洗いだした。その数は一〇六名。逮捕された回数は一八〇回だった。強盗で逮捕された者は、たまたまそれまで警察の目を逃れていただけで、すでに二〇～五〇件の犯行を働いていたはずだというのがジャッフェの見立てだった。ということは、この一〇六名だけで五〇〇〇件もの犯罪に関わっていたことになる。

ジャッフェは警官を集めてプロジェクトチームを立ちあげ、一〇六名にひとりずつ接触させた。そして若者にこう告げる——きみはプログラムの対象者だ。このプログラムでは、きみが学校に戻り、ハイスクール卒の学歴を得られるよう支援する。就職や進学の面倒も見てあげよう。そのかわり犯罪行為はいっさいやめなさい。それが守れないようなら、ただちに逮捕して刑務所送りにする。どんなに軽い罪でも容赦しない。

このプログラムはJ-RIP（青少年強盗予防プログラム）と名づけられた。一見すると、監視体制を強化した現代の警察活動そのものだ。Ｊ－ＲＩＰは団地の駐車場にトレーラーを置いて、あらゆる手段で監視を行なった。対象者といっしょに逮捕された人間もリストアップした。さらにフェイスブックで交友関係を把握し、友人の顔写真をダウンロードした。対象者の兄弟姉妹、母親からは直接話も聞いた。こうして対象者ひとりひとりについて、ポスターのような交友関係図を作成したのである。まるで情報機関が疑わしいテロリストの動向を追跡するときのような緻密さだった。

ジャッフェは言う。「対象者にはこう言うんです。きみのことはすべてお見通し。ブルックリンからブロンクスに行くときは、どの電車に乗ったかもわかるって。そうなると向こうは、逃げも隠れもできないと感じるのです」。学校に行くと嘘をついてどこに出かけたのか。学校では誰とつるんでいるのか。あらゆる情報が集まってくる。学校を休むと、Ｊ－ＲＩＰに電話がかかってくる。するとチームの誰かが自宅まで行き、「起きろ！」とどなるのだ。

ジャッフェはこのプログラムで、警察らしからぬ配慮も見せた。プロジェクトチームに入る警官を、時間をかけて厳選したのだ。「誰でもいいわけじゃありません」と語るジャッフェは、警官というよりまるでソーシャルワーカーだ。「まず子ども好きであること。道をはずれかけてい

(1)ブラウンズビル出身の有名人は多い。ボクシングのマイク・タイソンとリディック・ボウ、作曲家のアーロン・コープランド、テレビ番組ホストのラリー・キング。その他バスケットボール、アメリカンフットボール、野球の名選手となるとここには書ききれない。ただし全員があくまで「出身」であって、成功後もブラウンズビルに住みつづける者は皆無だった。

る子たちに偏見を持たず、正しい方向に押しもどしてやれるかどうか。それが基準でした」。そしてジャッフェはデビッド・グラスバーグをチームリーダーに抜擢する。社交的なグラスバーグは薬物依存の過去があり、自らも子どもを持つ父親だった。

もうひとつジャッフェが最初から決めていたのは、一〇六名のプログラム対象者の家族と面談することだった。しかしこれが思った以上に難しい。まず全家庭に手紙を出して、地元の教会で行なわれるグループセッションへの参加を呼びかけた。だが出席者はゼロ。次にスタッフが手分けして戸別訪問を行なったが、こちらも成果はなかった。どの家でも、「うるせえ、入ってくんじゃねえよ」と追いはらわれてしまった。

突破口が開けたのは、プログラム開始から数ヵ月後のことだった。ひとりの男の子がいた。名前は仮にジョニー・ジョーンズとしよう。「そのとき一四〜一五歳で、三歳ほど年の離れた姉と暮らしていました。手のつけられないワルでした。母親はクイーンズに住んでいましたが、彼女も私たちを目の敵にしていました。誰がどうやっても取りつく島もなかったんです。ところが二〇〇七年一一月、感謝祭を翌日に控えた水曜日のことです。デイブ・グラスバーグがオフィスに入ってきてこう言いました。今日チームのみんなでカンパして、ジョーンズに感謝祭のごちそうを用意してやったと」。

「デイブは続けてこう言いました。なんでそんなことをしたかって？　ジョーンズ自身は救いようのないやつですけど、あの家にはほかに七人も子どもがいるんですよ。その子たちのために、何かしなくちゃと思ったんです」

ジャッフェの目に涙が浮かぶ。デイブはさらに続けた。「だけどほかの家もありますよ。どうします？」。時刻は午前一〇時。ジャッフェは言った。「デイブ、いまから部長にかけあって二〇〇〇ドル調達できたとしたら、全部の家に七面鳥を配れるかしら？」。

交渉はたった二分で終わった。ジャッフェはデイブたちがカンパしたことを部長に伝える。「残りの家のために一二五羽の七面鳥を買いたいんですが、お金は何とかなりますか？」。答えはイエスだった。グラスバーグは部下に残業を命じ、冷凍七面鳥と保冷トラックを調達させた。その夜はチーム総出で一軒一軒配ってまわった。七面鳥には、「私たち家族からあなたがた家族へ。感謝祭おめでとう」と書いた紙も添えた。

ジャッフェも五軒の配達を担当した。ドアをノックすると、母親か祖母が出てきて奥に向かってどなる。「ジョニー、警察の人が来たよ！」みたいな感じだ。ジャッフェは彼女たちにあいさつする。「こんばんは、警察から来たジャッフェです。楽しい感謝祭を過ごしてもらいたくて、こんなものを持ってきました」。中身を知った家族は、「さあさあ入って入って」とジャッフェを家のなかに招きいれる。みんなが集まって泣いたり抱きあったりの大騒ぎになった。ジャッフェは彼らに言った。

「警察が嫌われ者だってことはよくわかってます。警察にドアをノックされたら身が縮むでしょう。でも私たちはみなさんのことを心から案じていて、楽しい感謝祭を過ごしてほしいと思っているんです」

なぜジャッフェはこうまでして家族に会おうとしたのだろう？　それは、ブラウンズビルの警察に正統性がないと感じていたからだ。アメリカでは罪を犯して刑務所に入る黒人男性の割合が高い。一九七〇年代後半の統計だが、ハイスクールを中退した黒人男性の六九パーセントに服役経験があった。そしてブラウンズビルは、「ハイスクールを中退した黒人男性」だらけの町だ。つまりJ－RIPの対象となった若者たちは、父や兄、あるいは従兄弟のうち誰かが刑務所暮らしの経験があるということだ。[2]そんな環境で育つ者が、法は公正だし、信頼できるし、異議を唱えれば聞いてもらえると思うだろうか？

ブラウンズビルに赴任してジャッフェが最初に感じたのは、警察への敵意だった。敵である警察が、暴力や盗みに手を染め、道をはずれかけている一五～一六歳の少年たちをどうやって更生させるのか。これ以上悪いことをしたら痛い目にあうと脅す？　だが一〇代の男の子なんて、そうでなくても反抗的だし、他人の言うことに耳を貸さない。ましてやジャッフェは、親父や兄貴をムショにぶちこんだ側の人間なのだ。人びとに信頼され、一目置いてもらえる警察になるためには、J－RIPの対象となった若者の家庭に支援の手を差しのべることが必要だとジャッフェは考えた。法に煮え湯を飲まされてばかりの人びとに、法が寄りそうこともあると知ってもらいたかったのだ。

感謝祭の七面鳥に気をよくしたジャッフェは、さらに攻勢をかける。プロジェクトチームのメンバーは、J-RIPの対象となった若者たちとバスケットボールで汗を流し、スシをごちそうし、夏休みのアルバイト探しを手伝ってやった。病気になれば医者にも連れていってやった。クリスマスにはディナーを開催して、本人だけでなく家族全員を招待した。

「ディナーのとき、どうしたと思います?」とジャッフェは言う。「友だちの前で強がっている子どもたちを、ひとりひとり抱きしめたんです。こっちにいらっしゃい、ハグしましょうってね」。ジャッフェは堂々たる体格の屈強な女性だ。そんな彼女が大きく腕を広げて抱きしめた

(2)アメリカの人種・学歴別服役率

白人	1945~49年生まれ	1960~64年生まれ	1975~79年生まれ
ハイスクール中退	4・2	8・0	15・3
ハイスクール卒	0・7	2・5	4・1
大卒	0・7	0・8	1・2
黒人	**1945~49年生まれ**	**1960~64年生まれ**	**1975~79年生まれ**
ハイスクール中退	14・7	41・6	**69・0**
ハイスクール卒	10・2	12・4	18・0
大卒	4・9	5・5	7・6

太字の数字に注目、1975~79年生まれでハイスクール中退の黒人の69パーセントが刑務所暮らしの経験がある。ブラウンズビルはその典型というわけだ。

ら、やせっぽちの少年はすっぽり埋もれてしまう。

感謝祭に七面鳥をプレゼント。みんなで抱きあって涙にくれる。ハリウッドの安っぽい映画じゃあるまいし、と鼻白む人もいるだろう。世界中の警察がジャッフェの後に続かないのは、それが正しい行動とは思えないからだ。ジョーンズは札つきのワルだ。そんなやつにまで食べ物を恵んでやるのは甘やかしすぎだ。犯罪増加に悩むあなたの町の警察署長が、不良少年を抱きしめ、彼らの家族に食事を提供すると言いだしたら、住民は絶句するだろう。

ではブラウンズビルではどうなったか。左ページのグラフを見てほしい。

ライツとウルフが「大衆行動に影響をおよぼすのは共感でも神秘主義でもない」と書いたのは、国家権力は無制限という前提に立っている。それならば何を命じるにしても、相手がこちらのことをどう思っているか案じる必要はない。絶対的に上の立場なのだから。だがそれはもう時代遅れだ。権力者といえども、他者への配慮をおろそかにできないことはジャッフェが証明している。命令を下す側は、下される側が持つ意見に大きく振りまわされるのである。

フリーランド将軍がロウワー・フォールズで犯した誤りはそういうことだった。ローズマリー・ロウラーのような市井の人間にどんな印象を与えるかという発想が、完全に抜けおちていた。静まりかえった通りを走りながら、フリーランドは暴動を鎮圧したとご満悦だった。だがもしバリーマーフィーまで足を延ばし、ハリエット・カーソンが鍋の蓋を打ちならして「みんな出てきて！　ロウワー・フォールズで人殺しが起きてるのよ」と叫ぶのを聞いたなら、暴動はまだ

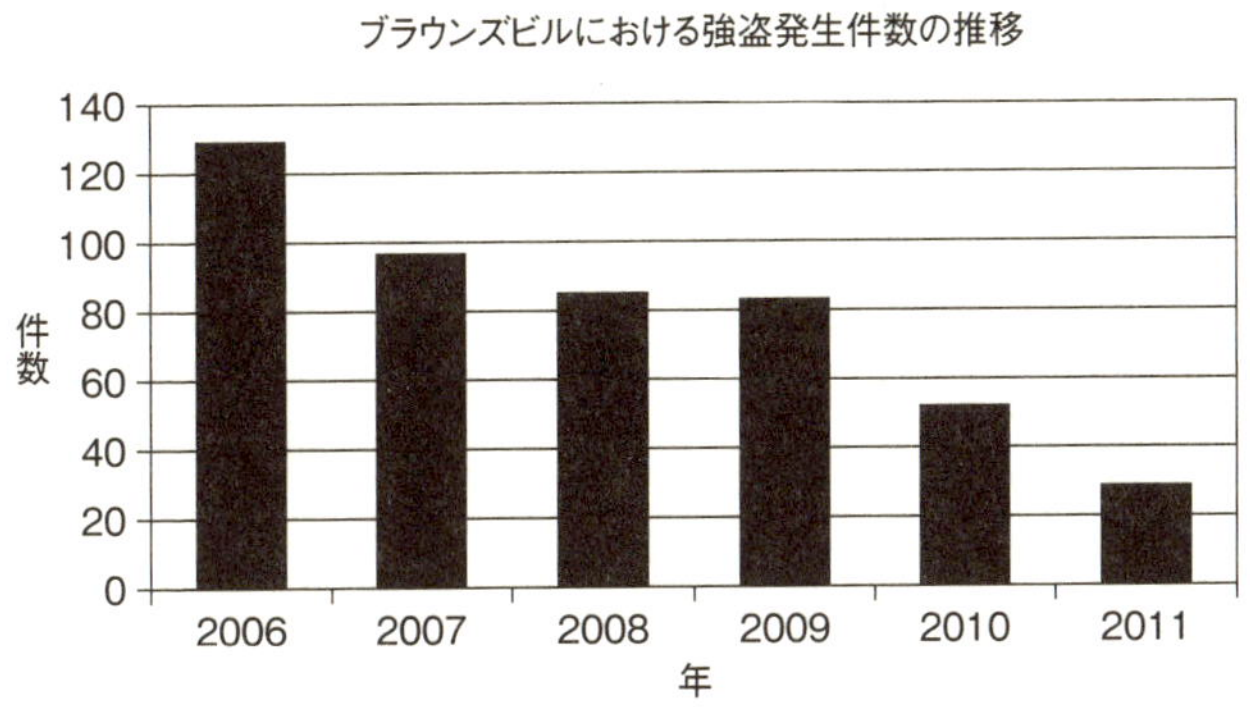
ブラウンズビルにおける強盗発生件数の推移
140
120
100
80
60
40
20
0
件数
2006
2007
2008
2009
2010
2011
年

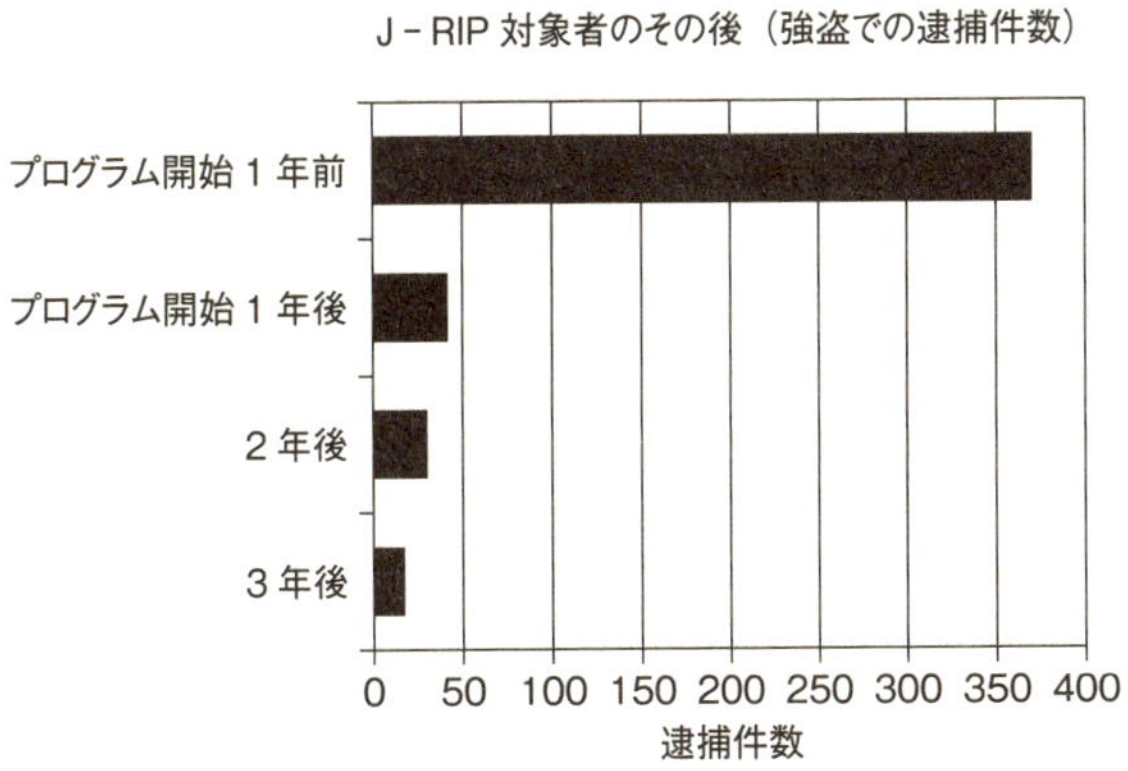
J－RIP 対象者のその後（強盗での逮捕件数）
プログラム開始１年前
プログラム開始１年後
２年後
３年後
0
50
100
150
200
250
300
350
400
逮捕件数

始まったばかりだということを悟っただろう。

軍隊では解決できない

北アイルランドの七月というと、「マーチング・シーズン」が最高潮を迎えるときだ。プロテスタントのロイヤリストたちがはるか昔にカトリック系住民に勝利したことを記念して、さまざまなパレードを繰りひろげる。「アーチ・バナー・アンド・ホール」パレード、「流血」パレード、「教皇をけっとばせ」と名づけられたフルートバンドのパレード、バグパイプのパレード、アコーディオンのパレード、飾り帯をかけ、山高帽をかぶった正装で歩くパレードなど、数万人が参加する。その白眉が七月一二日に行なわれる大パレードだ。一六九〇年のこの日、オラニェ公ウィレムがボイン河畔の戦いで勝利し、北アイルランドのプロテスタント支配が確立した。「トゥエルフス行進」と呼ばれるこのパレードの前夜には、北アイルランド全土が大騒ぎになり、巨大なかがり火が燃えさかる。(3) 火の勢いが激しくなったところで、教皇やカトリック系幹部の人形を燃やし、「いとしのクレメンタイン」(日本では「雪山讃歌」)の旋律でこんな歌を歌う。

燃やせよかがり火、かがり火燃やせ
串刺しのカトリックをいちばん高く
真ん中あたりに教皇を置いて

焼きつくしてしまえ(4)

北アイルランドは狭い国土のなかに都市や町が詰まっている。毎夏、ロイヤリストたちが山高帽に飾り帯姿でパレードをするときは、遠い昔に打ちまかした敵が多く住む地域をどうしても通ることになる。ベルファストには、カトリック系の家とプロテスタント系の家が背中あわせに並

(3)ベルファストのトゥエルフス行進は町を練りあるき、最後に「フィールド」と呼ばれる大きなステージのある広場に到着する。ここで集まった群衆を前にパブリック・スピーチが行なわれるのだが、たとえば一九九五年にはこんなスピーチがあった。北アイルランドの和平交渉を正式に始める「ダウニング街宣言」が行なわれたあとのことだ。
　歴史の本で、一七九五年の話を読んだ。ローマカトリック教徒が、異端の犬、すなわちきみや私のあいだではプロテスタントと呼ばれる人間を根絶やしにするために、ディフェンダーズという集団を結成したという。それから二〇〇年たったが、何も変わっていない。ヒトラーやアウシュビッツを傍観し、何万人という人間が死に追いやられるのを目の当たりにしながら、非難の言葉ひとつ発しなかったポーランド人教皇がいまも玉座にいる。

(4)この歌は替え歌がたくさんある。たとえばマンチェスター・ユナイテッドのサポーターが宿敵リバプールに向けて歌うバージョンは、歌詞が少しだけ穏便になっている（ちなみにスカウサーとはリバプールっ子、またはリバプールなまりで話す人のこと。だからビートルズはスカウサーズだ）。

燃やせよかがり火、かがり火燃やせ
スカウサーどもをいちばん高く
真ん中あたりにあの町を置いて
焼きつくしてしまえ

実際に歌っている様子は YouTube で見ることができる。

ぶところもめずらしくない。どの家も裏庭に大きな鉄格子を立てているのは、お隣から石や火炎瓶を投げこまれるのを防ぐためだ。トゥエルフス行進の前夜、ロイヤリストが町じゅうでかがりを焚いて騒いでいるときは、カトリック地区にも煙の匂いが漂い、威勢のよい歌が聞こえてきて、カトリックの旗が焼かれるのが見えるのだ。

パレードの季節、北アイルランドでは頻繁に暴力事件が起きる。そもそも「ザ・トラブルズ」の引き金になった事件のひとつが、一九六九年のパレードだった。二日間にわたる暴動のあと、パレードがカトリック地区を通過した。それだけでは飽きたらず、パレード解散後に人びとがウエスト・ベルファストの通りで暴れまわり、家々に火を放ったのだ。パレード中に銃撃戦も勃発した。まるで、アメリカ北部から退役軍人が大挙して押しよせ、アトランタやリッチモンドの通りをパレードし、アメリカ南北戦争の勝利を祝う——北アイルランドでカトリックとプロテスタントが激しく対立していた暗黒の時代、毎夏のパレードはそんな危うさをはらんでいた。

ここベルファストで、法と秩序のために力が行使される——自分たちの住む町に侵入してくるイギリス軍の姿を見たとき、ロウワー・フォールズの住民はそう思って絶望し、どんな形で力が行使されるのかという不安がよぎった。

ロウワー・フォールズの住民にとって、世界は公平ではない。教皇の人形やカトリックの旗が焼かれるパレードももうすぐ始まる。カトリックとプロテスタントの摩擦を未然に防ぐのはロイヤル・アルスター警察隊（ＲＵＣ）の役目なのだが、隊員のほとんどはプロテスタントなので何の役にも立たない。北アイルランドにイギリス軍が投入されたのも、中立の立場で事態収拾にあたるためだったが、あいにくイングランドは圧倒的にプロテスタントの国だ。外出禁止令が発令される前、バリーマーフィーで盛大な復活祭パレードが行なわれたときも、イギリス軍が警備を担当し、舗道の見物人とパレードのあいだに配置されていた。ただし彼らは舗道に背を向けていた――まるで自分たちの任務はカトリックからロイヤリストを守るためであって、その反対ではないと言わんばかりに。

フリーランド将軍はベルファストで法を機能させるためにやってきたのだが、まずはその正統性について自問する必要があった――答えはもちろんノーだ。フリーランドに権限を預けた政体は、カトリックの家を焼きはらう側に明らかに肩入れしている。正統性が不在のところに法を機能させようとしても、順守されるはずがない。激しい反発を生むだけだ。[5]

北アイルランド問題の最大の謎は、イギリス政府がそのことを理解するのになぜ時間がかかったのかということだ。一九六九年だけで銃撃事件は七三件、爆破事件は八件発生し、一三人が死亡した。翌一九七〇年になるとフリーランドは締めつけを強化し、火炎瓶を投げる者には容赦な

(5) シン・フェイン党のジェリー・アダムズは後年こう語っている。指導者外出禁止令は「物理的な力の行使など考えたこともなかった多くの人に……力は必要悪だと容認させた」。

く発砲すると警告した。するとどうなったか？　歴史家デズモンド・ハミルはこう書いている。

「ＩＲＡは」アイルランド人が銃撃されたら、イングランド兵に発砲すると宣言した。するとプロテスタント系のアルスター義勇軍――過激な民兵組織だ――が、ＩＲＡが発砲したら報復としてカトリック教徒を銃撃すると言いだした。当時の〈タイムズ〉は、ベルファスト市民のこんな言葉を載せている。「この町で頭が混乱していないのは、事態をわかっていない者だけだ」。

一九七〇年は銃撃事件が二一三件、爆破事件が一五五件、死者二五人。イギリス軍の取りしまりがさらに厳しくなる。そして一九七一年は銃撃事件が一七五六件、爆破事件が一〇二〇件、死者一八四人と膨れあがる。そこでイギリス軍は「インターンメント（非常拘留）」という方針を導入した。市民権が停止され、テロリストと疑われた市民はただちに現行犯逮捕され、起訴も裁判もなく刑務所に放りこまれた。この時期、バリーマーフィーのようなカトリック地区では、父親が、兄弟が、従兄弟が拘束されたという人ばかりだった。こんな状況では、法律が公正だとか、信頼できるとか、異議を聞きいれてもらえると思えるだろうか。

しかも事態はさらに悪化する。一九七二年は銃撃事件が一四九五件、強盗事件が五三一件、爆破事件が一九三一件、死者四九七人。四九七人のうちのひとりがイーモンという一七歳の少年だ

った。ローズマリー・ロウラーの弟である。[(6)]

「ある日イーモンがわが家にやってきて、一日か二日、ここにいさせてと言いました」とロウラーは当時を振りかえる。「母さんに怒られるよと言うと、実はイギリス軍のいやがらせがひどいのだと打ちあけました。外出すると、角を曲がるたびにイギリス兵に止められ、脅されるのだと」。

イーモンはＩＲＡの人間だったのか？　それはわからないし、そういう問題ではなかったとロウラーは言う。

「イギリス軍からすれば、私たちはみんな怪しい人間なんです。イーモンはイギリス兵に撃たれました。友だちと煙草を吸っていたとき、いきなり発砲されたんです。二ヵ月とちょっと生死のあいだをさまよって、一月一六日に死にました。一七歳と半年の生涯でした」

ロウラーは涙ぐむ。

「父は打ちひしがれて、造船所の仕事をやめました。もう四〇年前のことですが、いまでも胸が痛みます」

若くして結婚し、子どもも生まれたロウラーは、ベルファストで平凡な暮らしを営むはずだっ

(6) 一九七三年になっても状況は好転どころか悪化した。銃撃事件が五〇一八件、爆破事件が一〇〇七件、強盗事件が一三一七件、死者一七一人。軍が押収した爆発物は一七・二トンになった。

た。ところが住んでいた家を失い、いわれもなく脅され、いやがらせを受けるようになった。親戚たちは自宅から一歩も出られない。弟は撃たれて死んだ。どれも自分が招いたことではないし、いったい何がどうなっているのか理解できなかった。

「人生が一変してしまったんです。こんなことは許されるべきじゃない。学校時代の友だちが、次々と家を焼けだされる。私たちを守るために来たはずのイギリス軍が、私たちの生活をめちゃめちゃに壊していくんです。私は麻薬に手を出しました。軽々しい気持ちからじゃありません。赤ん坊と二人、家に閉じこもっていることに耐えられなかったんです」

ロウラーは話を続ける。

「北アイルランド紛争のことをザ・トラブルズと呼んだりしますが、現実はトラブルというより戦争でした。イギリス軍はありとあらゆる手段で抑えつけにかかりました。それを私たちはゴム人形のように押しかえしたんです。でもそのためにひどく傷つき、長いあいだ怒りを抱えたまま生きることになりました。子どもたちにも申し訳なく思っています。でもそうなりたくてなったんじゃない。状況がそうさせたんです」

乳母車は抵抗する

フリーランド将軍の指揮でイギリス軍の警備隊がロウワー・フォールズにやってきたとき、住民が駆けこんだのは聖ピーター大聖堂だった。平日のミサでも四〇〇人が出席するこの大聖堂は町の象徴であり、拠りどころだ。神父はイギリス軍に警告した。武器狩りをするなら短時間にすませないと、面倒なことになる。

四五分後、兵士たちが戦利品を抱えて戻ってきた。拳銃一五丁、ライフル一丁、シュマイサー製サブマシンガン一丁、それに爆薬と弾薬。警備隊は隊列を整え、ロウワー・フォールズを出る脇道を進みはじめる。そのあいだに住民が三々五々集まりつつあった。警備隊が角を曲がったとき、若者たちが石を投げはじめる。警備隊の動きが止まった。群衆の怒りが高まり、石が火炎瓶に、火炎瓶が銃弾へとエスカレートしていった。火のついたトラックが通りの端をふさぎ、警備隊の行く手をはばむ。兵士も催涙ガスで応戦するが、群衆の怒りはますます激しくなるだけだった。

これが暴動の始まりだった。フリーランドは応援部隊をロウワー・フォールズに送りこむ。住民数がたかだか三〇〇〇人で、狭い横丁に小さな家々が軒を連ねる界隈に八〇〇〇人もの兵士が投入された。そのなかにはイギリス軍で最もプロテスタント色が濃いロイヤル・スコットランド連隊の部隊も含まれていた。軍のヘリコプターが上空を旋回して、住民に家のなかに入るよう命令を繰りかえす。外出禁止令が発令となり、しらみつぶしの家宅捜索が始まった。二〇歳かそこらの兵士たちが、投石や火炎瓶攻撃にさらされたうっぷんを晴らすかのように家々に押しいり、壁や天井に穴を開け、寝室を荒らしまくった。イギリス軍兵士のひとりがそのときの様子をこう語っている。

その家の男性がパジャマ姿のまま、ののしりながら電気スタンドを振りまわしてスタンに襲いかかった。スタンは身をかわし、ライフルの銃床で男を殴りたおした。兵士の多くが怒りをくすぶらせていて、このときとばかりに爆発させた。人びとは骨が折れるほど頭を殴られ、家のなかはめちゃめちゃに破壊された。大混乱のなかで、断片的な光景だけが飛びこんでくる。誰もが笑っている家族のしわくちゃになっている写真、ささやかな装身具や折れている十字架。泣きわめく子どもたち。教皇の写真が入った額縁のガラスを踏みやぶる音。食べかけの食事と破れた壁紙。おもちゃのあざやかな色。テレビやラジオの雑音。絵柄の入った皿。靴。廊下に倒れたり、壁に押しつけられたりした人びと……そのとき私は、自分たちが侵略者であることを悟った。

その夜の逮捕者は三三七人。負傷者は六〇人だった。元空軍兵だったチャールズ・オニールは、イギリス軍の装甲車に轢《ひ》かれて死んだ。地面に転がる彼の死体を前に、イギリス兵が見物人のひとりを警棒でつついて言った。「じゃまだから片づけろ」。フォールズ・ロードの商店主トーマス・バーンズは、友人に手伝ってもらって店のウィンドウに板張りをしているところを銃で撃たれて死んだ。死体を引きとりにきた姉は、「あんな時間に通りにいるほうがどうかしている」と言われた。

夜が明けた日曜日、ロウワー・フォールズの惨状が明らかになった。このあたりは貧しい地域で、住民の多くは無職か、日払いの仕事しかしていない。通りはごみごみしていて、赤れんがを使った安普請のテラスハウスが密集している。部屋は一階と二階にひとつずつあるだけで、日当たりは悪く、じめじめしている。トイレは裏庭だ。冷蔵庫のある家などほとんどなく、パンはすぐかびるので毎日買う家がほとんどだった。ところが外出禁止令が三六時間におよび、家に食べるものがなくなってきた。ウェスト・ベルファストのカトリック系住民はつきあいが親密で、ほとんどの人間が結婚や親戚関係でつながりがある。そのためロウワー・フォールズの窮状は口コミでたちまち広がった。鍋の蓋を打ちならしたハリエット・カーソンに続き、メイア・ドラムという女性が家にあった拡声器をひっぱりだした。(7)

「子どもたちの食べ物がないの！　乳母車にパンとミルクを積んでちょうだいよ！」

それを聞いた女性たちが、二人、四人、一〇人と集まりはじめ、とうとうその数は数千人になった。髪にカーラーを巻いたままの者や、とりあえずスカーフをかぶっただけで出てきた者もいる。彼女たちは腕を組み、「ウィ・シャル・オーバーカム」と歌いながら行進しはじめた。

「丘のふもとに来たとき、緊張が走るのがわかりました」とロウラーはそのときのことを語る。

「ヘルメット姿のイギリス兵が銃を構えてあちこちに立っていたんです。歌ったり叫んだりしな

(7)この六年後、ベルファストのメイター病院に入院していたドラムはプロテスタント過激派に銃で撃たれて死んだ。

がらグローブナー・ロードに入ると、イギリス兵たちはぎょっとしていました。乳母車を押した女たちがいっせいに押し寄せてくるのですから。ひとりの兵士が頭をかきながら、『どうすりゃいいんだ？　ふつうの暴動みたいに鎮圧するのか？』と困っていました。

私たちは角を曲がってスレート・ストリートに入りました。そこには私の通っていた学校があり、なかからイギリス軍がいっせいに出てきて私たちとつかみあいになりました。髪をひっぱられ、壁に押しつけられ、殴られました。地面に倒れたら、すぐに立ちあがらないと踏みつけにされます。彼らは野蛮そのものでした。私は車の屋根にのぼり、正面から様子を見ていました。やがて歯を矯正中の男が、シェービングクリームを顔につけたまま出てきました」

歯を矯正中の男は、スレート・ストリート検問所の司令官だった。彼の命令で兵士たちはただちに暴力をやめた。重装備の兵士が、乳母車を押す女たちに襲いかかる状況を異常と判断できた唯一の人物だった(8)。

そのあいだにも、行進の列はどんどん長くなっていった。途中の家々から住民が出てきて、いっしょに歩きはじめたからだ。新しい通りに入るたびに、ドアが開き、人が出てくる。まるでドミノ倒しだった。こうなるともうイギリス軍もお手あげだった。ついに行進は、外出禁止令が発令中のロウワー・フォールズに入った。

ロウラーは言う。

「家に帰ってその日あったことを振りかえると、急に身体ががたがた震えて、とても恐ろしくなりました。あとで父に、やっぱりイギリス軍は牙をむいたと話すと、それがやつらのやり口だと父は言いました。しかもこれはただの始まりだったのです」

(8)乳母車を使ったのは、ロウワー・フォールズの子どもたちにパンとミルクを運ぶためだったが、イギリス軍の監視の目を逃れて銃や爆薬を持ちだす目的もあったと言われている。

第8章 突然の悲劇に勝つには

「アメリカ史上最も壮大な刑法運用実験」の盲点

突然の凶行

一九九二年六月の週末、マイク・レイノルズの娘で一八歳のキンバーは、結婚式に出席するためにカリフォルニア州フレズノの家に戻ってきた。結婚式が終わり、キンバーは友人のグレッグ・カルデロンと食事に出かけた。このときの服装はショートパンツにブーツで、父親に借りた赤と黒のチェック模様のジャケットを着ていた。

フレズノのタワー・ディストリクトにあるレストラン、デイリー・プラネットで食事をした二人は、駐車場に向かった。時刻は午後一〇時四一分。キンバーはカルデロンのために助手席のドアを開けてやり、車を回りこんで運転席のほうに歩きだしたそのとき。オートバイに乗ったフルフェイスヘルメットの二人組がゆっくりと近づいてきた。運転していたジョー・デイビスは麻薬と拳銃所持で数えきれないほど有罪判決を受けており、このときも自動車窃盗でワスコ州立刑務所に服役したあと、仮釈放で出てきたばかりだった。うしろに乗っていたのはダグラス・ウォーカーで、こちらも過去に七回も刑務所入りした男だった。二人ともメタンフェタミンの常習者だ。その夜はフレズノの目抜き通り、ショー・アベニューでカージャックをやろうとして未遂に終わっていた。数ヵ月後、当時の心境をたずねられたウォーカーはこう話している。

「マジで何も考えてなかった。急にああいうことになったんだ」

デイビスはオートバイを車にぴったり寄せて停止し、キンバーの身体を車に押しつけた。急いで助手席をおりたカルデロンはキンバーを助けに行こうとするが、車の後方でウォーカーに行く手を阻まれた。デイビスはキンバーのハンドバッグを奪い、拳銃を右のこめかみに押しつけた。キンバーが抵抗したので引き金を引いた。そしてウォーカーとバイクで走りさった。銃声を聞きつけて、レストランから大勢の人が出てきた。誰かがキンバーの止血を試みる。カルデロンはキンバーの両親の家に急いだが、二人とももう寝ていて起きてこない。電話を鳴らしても留守番電話に切りかわるだけだ。午前二時半、ようやく連絡がとれた。父親のマイク・レイノルズは、電話に出た妻の悲痛な声を聞く。「頭を撃たれたって?」。キンバーは翌日死亡した。

「娘との絆は、何というか特別なものでした」とレイノルズはフレズノにある自宅の書斎で話した。自宅は、娘が撃たれた現場から車で五分とかからないところにある。書斎の壁にはキンバーの写真がかかっていた。隣のキッチンに飾られているのは、天使の羽根をはばたかせて天にのぼっていくキンバーを描いた絵だ。

「父親にとって、娘はお姫さまですよ。壊れた三輪車も、傷ついた心もみんな直してやるのが父親の役目です。でもあのときは、死が近づく娘の手を握るだけで、どうすることもできなかった」

このときレイノルズは、死の床の娘に誓った――おまえの命を救うことはできないが、こんなことが二度と起こらないように、持てる力をすべて注ぐから。

スリー・ストライク法の誕生

病院から戻ったレイノルズに、一本の電話がかかってきた。相手はフレズノで人気のラジオトークショーでホストを務めるレイ・アップルトンだ。その彼が語る。

「あのころのフレズノは、人口当たりの殺人事件の件数が全米一位か、それに近いぐらい高かった。そんな荒れた町でしたが、あの事件は特別でした。人通りの多い、人気レストランの前で起こったのですから。キンバーが亡くなった夜、私は電話でマイクに言いました。『番組に出演してもいいと思ったら、連絡してください』と。するとマイクは『今夜はどうか』と答えたんです。それがすべての始まりでした。キンバーが死んでからたった一四時間後のことです」

アップルトンのラジオ番組に出演した二時間は、レイノルズにとって人生で最もつらい二時間だったという。アップルトンも、「人があんなに打ちひしがれた姿を見たことがなかった」と語る。番組が始まってすぐは、レイノルズを個人的に知っている人や、お悔やみを伝えたい人からラジオ局に電話がかかってきた。やがて話題がカリフォルニア州の司法制度に及ぶと、州全域から多くの人が意見を寄せてきた。

ラジオ出演を終えたレイノルズは、集会を主催した。場所は自宅裏庭。「地域住民のほかに判事が三人、警察署の人、弁護士、保安官、地方検察局からも出席者がありました」。なぜこんなことが起きたのか。その原因はどこにあるのか。人びとはバーベキュー台の横に置かれた木製の長いテーブルに腰かけて、意見を交換した。

話しあいの結論は、カリフォルニア州では法を破ったときの刑罰が軽すぎるというものだった。仮釈放を安易に認めすぎているし、重犯者も初犯者と扱いが何ら変わらない。オートバイのうしろに乗っていたダグラス・ウォーカーが初めて法に触れたのは一三歳のときで、ヘロインの運び屋をやって捕まった。それ以来犯罪を繰りかえしているのに、最近もすぐ仮釈放になって妊娠中の妻に会いに行き、そのまま刑務所には戻らなかった。

集会の出席者は提言をまとめることにした。提言は短く、シンプルに、わかりやすい言葉で書くべきだと主張したのはレイノルズだ。さらに署名活動を行なって住民投票に持ちこみ、ついにカリフォルニア州のスリー・ストライク法に結実する。重大な法律違反、あるいは刑事犯罪を二度犯した者は、刑期が規定の二倍になる。そして三度目は、どんなに軽微な罪でも容赦なく懲役二五年から終身刑に処せられるというものだ。[1] 例外はいっさい認められなかった。

(1)具体的には次のような処罰になる。「強盗で有罪になった場合、初犯であれば刑期は二年。ふたたび強盗を働いて有罪判決を受けると、以前は懲役四年六ヵ月だったが、倍の九年に延びる。さらに三度目は、盗品受領の軽罪でも懲役二五年になる」。他の州や外国にも同様の規定を設けているところはあるが、カリフォルニア州ほど厳しいところはない。

犯罪学者のフランクリン・ジムリングが「アメリカ史上最も壮大な刑法運用実験」と評価したスリー・ストライク法で、何が変わったか。一九八九年、カリフォルニア州内の刑務所では八〇〇〇人が服役していた。それから一〇年後、服役者の数は二倍に膨れあがったが、犯罪発生率は激減した。一九九四年から九八年までのあいだに、殺人は四一・四パーセント、強姦は一〇・九パーセント、強盗は三八・七パーセント減少した。娘を死なせてしまった父親の深い悲しみと、二度とこんなことは起こさないという固い誓いが改革を実現したのである。

「事件当時、カリフォルニア州では一日一二件の殺人が起きていました。それがいまは六件ほどです。つまり一日六人が死なずにすんでいるのです」。そう話すレイノルズのオフィスは、政府高官といっしょの写真や、業績をたたえる署名入りの感謝状がところ狭しと飾られている。

「人生では、誰かの命を救う機会がときとして訪れるものです。燃えさかる家に取りのこされた人を助けたとか、おぼれる人を引っぱりあげたとか。でも六人も救う機会はめったにないでしょう。それも毎日ですよ。それを考えると、自分は幸運な人間だと思います」

レイノルズはしばし沈黙した。死にゆくキンバーに誓ってからの二〇年近い歳月を振りかえり、感慨にふけっているようだった。

「シートベルトを誰が発明したか知っていますか？　私も知りません。でもシートベルトやエアバッグのおかげで、たくさんの人が安全でいられます。つくった本人が、肩を叩かれ、よくやったとほめられることはないでしょう。でもそれでいいのです。私たちが求めるのは結果であって、結果が最大の誉め言葉なのです」

北アイルランドに進駐したイギリス軍には、治安を回復するという正しい目的があったにもかかわらず、三〇年間の泥沼の闘争を引きおこしてしまった。なぜなら、「力には限界がある」という重要な事実を理解していなかったからだ。力には正統性の裏づけが不可欠で、それがないと意図と正反対の方向に働いてしまう。いっぽうカリフォルニア州の司法制度を動かしたマイク・レイノルズは、力を使って目的を果たすことができた。カリフォルニア州の犯罪統計が何よりの証拠だ。

だがほんとうにそうだろうか？

犯罪と「逆U字型グラフ」の関係

ここで「逆U字型のグラフ」に話を戻そう。一クラスの人数と成績の関係を取りあげた第2章で出てきたグラフだ。この逆U字型も、突きつめれば「限界」という話になる。つまり多いことがかならずしも良いわけではなく、一定の限界を超えると強みが逆に欠点になるということだ。クラスの人数と成績、親の財産と子どもの教育の関係を見ると、逆U字型が成りたっていることがよくわかる。

ところが数年前、そこに一石を投じる議論が浮上してきた——犯罪と処罰の関係にも、逆U字型が当てはまるのではないかということだ。処罰の厳しさが一定レベルを超えてしまうと抑止効果が失われ、かえって犯罪を増やす可能性があるのでは？　これはマイク・レイノルズの主張とスリー・ストライク法の根幹を揺るがしかねない、由々しき問題である。

スリー・ストライク法が成立した当初、その可能性を指摘する者は皆無だった。マイク・レイノルズもその支持者も、ひとりでも多くの犯罪者を、一年でも長く刑務所に閉じこめれば犯罪が減ると信じて疑わなかった。

「スリー・ストライク法以前のカリフォルニア州では、第一級殺人でも刑期は一六年で、おまけに、だいたい八年で出所していました」とレイノルズは語る。「これだと社会に戻っても、ふたたび犯罪者に舞い戻ります。人間は易きほうに流れていくもの。毎日決まった時刻にタイムカードを押して出勤し、顧客に頭を下げ、週四〇時間汗水たらして働くよりも、路上で強盗をしたり、麻薬でハイになったりするほうが楽ですからね。銃をちらつかせるだけで、ほしいものがほしいだけ、すぐに手に入ります。逮捕され、起訴されても、九五パーセントは司法取引で求刑は軽くなります。そのうえ刑期のおよそ半分がすめば仮釈放になる。だったら、せいぜい捕まるまえにやりたい放題やっとくかということになりますよ」。

レイノルズの主張は、ライツとウルフの古典的論文に通底するものがある——人間は個人でも集団でも「合理的に」ふるまう。さまざまな選択肢から、損失と利益を天秤にかけながら選んでいく……。カリフォルニア州では、犯罪は損失よりも利益のほうがはるかに大きかった。だから損失を大きくすれば、犯罪に手を出しづらくなるはずだ。それがレイノルズの考えだった。それでも犯罪をやめられない者は、一生刑務所に閉じこめておけば二度と悪いことはできないだろう。「多ければ多いほど良い」という発想である。でもほんとうにそうだろうか？　逆U字理論が疑問を投げかける。

では最初の前提から検討していこう。犯罪の損失が大きくなれば、犯罪件数は減るか？　法律違反に対する処罰がごく軽いものなら、答えは明らかにイエスだ。犯罪学でよく知られた例として、一九六九年秋、モントリオールで警官が行なった一六時間のストライキがある。モントリオールのあるカナダは、治安が良いことでは世界でも指折りの国だ。そんな国で警官がストをすると——大混乱になった。白昼から銀行強盗が続出して、市内の銀行は臨時休業を余儀なくされた。路上では強盗が横行し、商店のウィンドウが次々と破壊された。さらに衝撃的な事件も起こった。地域のバス交通を担うマリー・ヒル・リムジン・サービスとタクシー運転手は、空港での乗客獲得をめぐって長年対立してきたのだが、この日とうとう暴力沙汰にまでなったのだ。タクシー運転手がマリー・ヒルの本社に火炎瓶を投げ、警備員が応戦のため発砲した。タクシー運転手は火炎瓶では飽きたらず、バスに火を放って暴走させ、マリー・ヒルの車庫に激突させた。これがあのカナダである。しかしストが終わって警察機能が元どおりになると、秩序は回復した。逮捕され、刑罰を受ける可能性がものを言ったのだ。

このように、法に反したときに処罰がまったくないか、少しはあるかで、人間の行動はがらりと変わってくる。四〇人学級と二五人学級のちがいと同じだ。これが逆U字型カーブの左側の話である。

だが逆U字型カーブの左側でうまくいっていたことは、頂点を過ぎて右側に移るとまるで逆になる。多くの犯罪学者は、これが刑罰にも当てはまると主張する。

犯罪学を研究するリチャード・ライトとスコット・デッカーは、強盗で有罪判決を受けた八六人にインタビューを行なった。犯罪者たちから最もよく聞かれた言い分を紹介しよう。

捕まるなんてことは、気が散るのでできるだけ考えないようにしていた。「うまくいかなかったらどうしよう？」なんて思ってたら、目の前のことに集中できない。そのうち強盗をやろうと決めたら、ほかのことはいっさい考えずにすむようになった。

「相棒と自分が」うまくやれたのはそこだ。ハイになって、バカになれば、「捕まるかもという恐怖から」自由になれる。なるようにしかならない……そのときは何も気にしてないんだ。

どんなにせっぱつまった状況でも、彼らは「処罰の可能性に無関心」だった。先のことはいっさい考えていなかったのだ。

娘を殺されたレイノルズは、犯罪者予備軍たちに刑罰への恐怖を植えつけ、一線を超える前に踏みとどまらせようとした。だがインタビューに答えた犯罪者たちの発想では、そんな努力は役に立たない。ジョー・デイビスとダグラス・ウォーカーはメタンフェタミンを常習していて、その日は白昼堂々とカージャックもやろうとしていた。ウォーカー自身、のちにこう語っていたはずだ——マジで何も考えてなかった。急にああいうことになったんだ、と。

レイノルズは言う。「ジョー・デイビスのことを知っている友人に頼んで、なぜキンバーを撃ったのか聞いてもらったんです。ハンドバッグはもう取ってたんだから、撃つ必要はなかったのに。そうしたら、目つきが気に食わなかった、尊敬のかけらもなかったというんです」。

銃をこめかみに突きつけて、ハンドバッグを奪うような人間を尊敬せよと？　そんな発想の人間が、刑罰を重くしたところで犯罪を思いとどまるだろうか？

スリー・ストライク法が犯罪の抑止力になると思えるのは、あなたや私が社会のなかで自分の居場所を確保しているからだ。だが犯罪者たちはちがう。犯罪学者のデビッド・ケネディはこう書いている。「今日酒や薬で酩酊《めいてい》して、重い制裁の可能性が少しはあることを衝動に駆られて実行する人間は、明日になったら、もっと重い制裁の可能性があることでも実行してしまうものだ」。

ではスリー・ストライク法の第二の主張——犯罪者を長期間拘留しておけば、悪いことはできない——はどうかというと、こちらも合理性に欠ける。二〇一一年に、カリフォルニア州のスリー・ストライク法を摘用されて長期刑を言いわたされた犯罪者の平均年齢は四三歳だった。刑期が二五年だとすれば、出所は六八歳だ。もしこのあいだ自由の身だったら、彼は何度犯罪に及ぶだろう？　左ページのグラフを見ると、それほど多くないことがわかる。これは加重暴行（女性や子供に対する暴行）と殺人、家宅侵入と強盗の件数と年齢の関係を表わしたものだ。

長期刑が有効なのは、せいぜい二〇代半ばまでの若者だけだ。それ以上の年齢になると、人はあまり犯罪を犯さなくなるものなのだ。

そろそろ核心に入ろう。犯罪と刑罰の関係は、逆U字型カーブを描くのか。つまり刑罰の重さが一定レベルを超えると、かえって犯罪が増えることになるのだろうか。これに関して最も説得力のある理論を展開しているのは、ラトガーズ大学ニューアーク校で犯罪学を研究するトッド・クリアなので、その主張を紹介しよう。

刑務所は犯罪に直接的な影響を及ぼす。悪い人間を閉じこめておけば、犠牲者が出ることはない。しかし同時に、犯罪者が直接かかわるすべての人びとに間接的な影響も及ぼす。たとえば刑務所で服役する男性の多くは、子どもを持つ父親だ。子どもにとって、父親が刑務所に入っている影響は大きい。子どもをどなりつけ、虐待するようなろくでもない父親もいるが、多くはそうではなく、一家の稼ぎ手として家族の生活を担っている（収入源がまともな仕事でないこともあるが）。そんな父親を刑務所にとられることは、子どもには大きな不幸だ。服役中の親を持つ子どもは、非行に走る危険が三〇〇～四〇〇パーセントも高くなり、深刻な精神障害を負う危険も二五〇パーセント上昇する。

1985 年に発生した凶悪犯罪の年代別逮捕者数

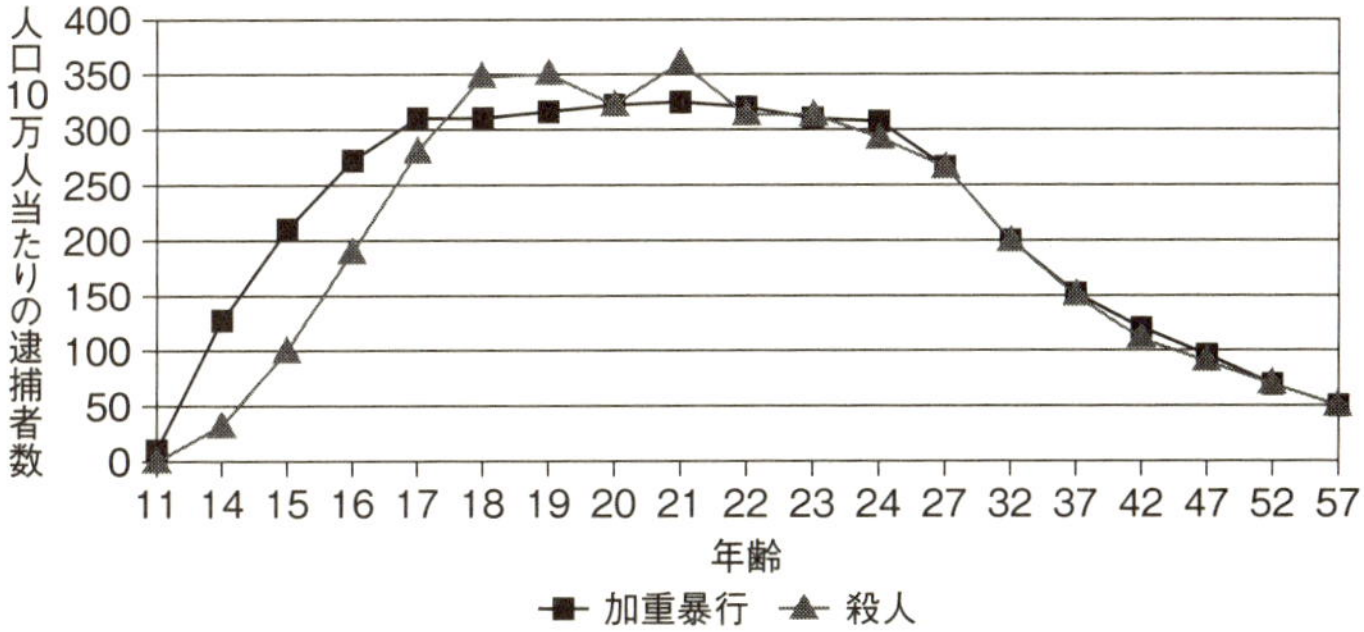

1985 年に発生した強盗および住居侵入の年代別逮捕者数

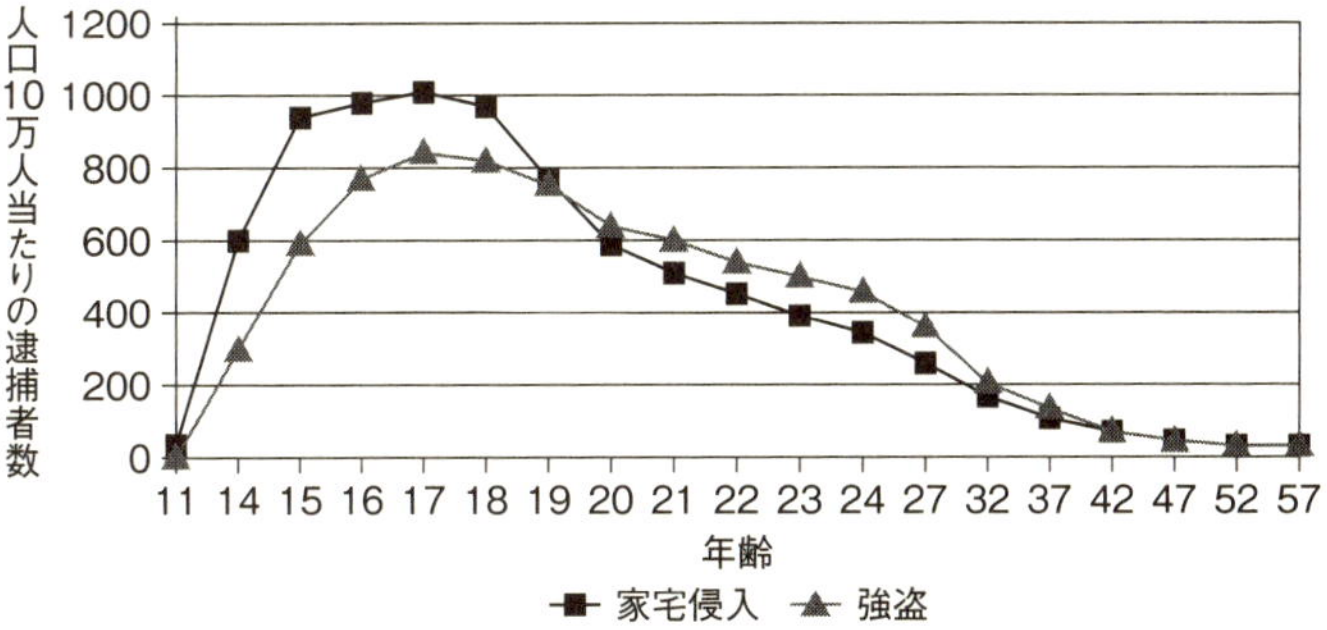

注：件数に大きな開きのある犯罪を一つのグラフで表記するために、殺人は件数を 15 倍、強盗は 3 倍にしてある。

刑期を終えて出所した犯罪者は、自分が住んでいた地域に戻る。だが服役中に堅気の友人たちは離れてしまっており、その穴を埋めるのは悪い連中だ。再就職の道も険しい。さらに刑務所にいたあいだに、心理的な傷を負っていることもある。犯罪者を拘禁することは、ほとんどの場合損失より利益のほうが大きいのだが、あまりに多くの人間を、あまりに長期間拘留してしまうと、損失が利益を上回るというのがクリアの考えだ[2]。

クリアは自らの仮説を立証するため、同僚のダイナ・ローズとフロリダ州タラハシーを訪れ、過去一年間に服役した人の数と翌年の犯罪発生率を地域ごとに調べた[3]。その結果、逆U字型カーブが頂点を過ぎ、下降に転じるポイントを見つけることに成功する。受刑者が住民の二パーセントを超えると、犯罪発生率への影響は逆転したのである。

ブラウンズビルの住宅局長ジャッフェの行動も同じことだ。罪を犯した少年とその家族を抱きしめ、七面鳥をプレゼントすることで、彼らの傷を癒そうとした。その傷は法と秩序の不在が引きおこしたものではなく、むしろ法と秩序の「やりすぎ」が原因だった。父親や兄弟や従兄弟の多くが刑務所暮らしをしている地域では、法律は敵だ。ブラウンズビルは逆U字型カーブの右側なのである。

一九八八九年当時、カリフォルニア州内の刑務所には七万六〇〇〇人が収容されていたが、一〇年後にその数は二倍になった。スリー・ストライク法のせいだ。二一世紀に入った直後、人口当たりの収容者数でくらべるとカリフォルニア州はカナダや西ヨーロッパの五〜八倍も多かった。

スリー・ストライク法が、カリフォルニアをブラウンズビルに変えてしまった可能性はないだろうか。

スリー・ストライク法を勝ちとったおかげで、一日六人の命が救われており、カリフォルニア州の犯罪発生率は大幅に下がったとレイノルズは主張する。だがデータをくわしく見ると、犯罪の減少はスリー・ストライク法の制定前から始まっていたことがわかる。しかもそれはカリフォルニア州にかぎらずアメリカの他の地域でも同じだった。とりたてて犯罪の取り締まりを強化しないところでもだ。

スリー・ストライク法に関しては、掘りさげて調べれば調べるほど評価がぼやけてくる。犯罪の減少に貢献したと言う研究者もいれば、たしかに効果はあるが、犯罪者を収監する費用がかさ

(2)クリアは「バックファイア——拘留が犯罪を助長する」と題した論文のなかで、刑務所への収容者が多すぎることはかえって逆効果だという主張を一〇の論点にまとめた。最初クリアは、自分の研究分野が関係する学会誌でこれを発表しようとしたが、まったく相手にされなかった。唯一注目したのが、更生事業の関係者だった。「世間ではほとんど知られていないが、彼らは自分たちの努力が報われないと日々感じている。人道面に配慮した刑務所運営を心がけても、現場で目にする実情はなかなか変わらない。守衛が受刑者を虐待する。出所者が前向きな感情を持てない。受刑者に必要なものを提供できない……そんな現実にいらだちを覚える彼らのあいだで、私の論文は回し読みされるようになった。そしてオクラホマ刑事犯罪研究コンソーシアムが、論文を出版したいと言ってくれた。私はもちろん快諾した。グーグルで私の論文を検索すると、コンソーシアムのサイトがトップに来る時期が長く続いた」。

(3)クリアの仮説を簡単に言うとこうなる。「多くの若者が拘禁によって地域を抜け、出所後にまた地域に戻る。この繰りかえしは地域の住民全体にとって健全なことではない」。

むので、その税金を別のことに使ったほうがいいとする意見もある。さらには、スリー・ストライク法で犯罪全体の件数は減ったが、皮肉なことに暴力犯罪は逆に増加したという研究結果も出ている。カリフォルニア州が行なった「アメリカ史上最も壮大な刑法運用実験」は、莫大な費用がかかり[4]、施行から二〇年を経たにもかかわらず、誰も効果を断言できない結果に終わった。そして二〇一二年一一月、カリフォルニア州の住民投票でスリー・ストライク法は内容の大幅変更を余儀なくされたのである[5]。

最後の電話

キンバー・レイノルズが殺される一〇年前のこと。カナダのマニトバ州、ウィニペグに住むウィルマ・ダークセンが自宅の地下室を掃除していると、娘のキャンダスから電話がかかってきた。一一月の金曜の午後で、外の気温はもう氷点下だ。キャンダスは一三歳。電話の向こうで同じ学校の男子生徒とふざけながら、迎えに来てほしいと頼んできた。ウィルマは頭のなかであれこれ計算した。あと一時間したら、仕事を終えた夫のクリフを迎えに行くことになる。上の部屋でけんかをしている九歳と二歳の子に服を着せて、キャンダスを学校で拾って、それから夫の職場に向かえば行けなくはないが、お腹をすかせた三人の子どもと一時間のドライブなんて耐えられない。学校からはバスが出ているし、キャンダスはもう一三歳で赤ちゃんではない。

「キャンダス、バスに乗るぐらいのお金は持ってる?」

「あるよ」

「じゃあ悪いけどバスで帰ってきて」

受話器を置いたウィルマは、地下室に掃除機をかけ、洗濯物をたたんだ。あわただしく働いていたウィルマだが、ふと手が止まって時計を見た。キャンダスはもう家に着いてもいいころなのに。急に気温が下がって、雪が降ってきた。そういえばあの子、今日は暖かい格好をしていなかった……。ウィルマは玄関と台所を行ったり来たりして、窓から外の様子をうかがう。そろそろ夫を迎えに行かなくては。二人の子どもの支度をして車に乗りこんだウィルマは、タルボット・アベニューを慎重に走った。キャンダスがたまに立ちよるコンビニをのぞいて、学校にも行ってみたが、もう誰もいなかった。「ママ、お姉ちゃんは？」。九歳の妹が不安そうにたずねる。

「キャンダスが帰ってこないの。心配だわ」。クリフの職場に着いたウィルマは夫に言った。

家に戻ったウィルマとクリフは、キャンダスの友人ひとりひとりに電話をかけた。だが誰も娘

(4)一九八〇年代、カリフォルニア州では高等教育関係の予算が全体の一〇パーセントを占め、刑務所関連は三パーセントだった。スリー・ストライク法成立から二〇年後、刑務所関連予算は一〇パーセントを超え――収監費用はひとり当たり年間五万ドル――、反対に高等教育の支出は八パーセント以下に落ちた。

(5)二〇一二年一一月の住民投票では、六八・六パーセントが提案三六号に賛成した。これはスリー・ストライク法で二五年の長期刑になるには、三回目に犯した罪が「深刻、または暴力的」なものでなければならないというものだ。さらにスリー・ストライク法にひっかかって終身刑になった受刑者は、三回目が軽微な罪であれば刑期見なおしの請求ができることになった。

を見かけていないという。電話をかけてきたときいっしょだった男子生徒も、タルボット・アベニューを歩いているのを見たのが最後だと言った。夫婦はとうとう警察に電話した。午後一一時、二人の警官が自宅にやってきて、ウィルマたちに質問する。キャンダスは最近、家でおもしろくないことがあったんじゃないんですか?

ウィルマとクリフは捜索委員会を立ちあげ、教会や学校関係の知りあいに協力を求めた。「キャンダスを探しています」というポスターが町じゅうに貼られ、大々的な捜索活動が行なわれた。眠れない夜が続き、一ヵ月たったある日、気分転換に下の二人の子どもを映画に連れていった。〈ピノキオ〉だ。けれども、ゼペットじいさんがいなくなった息子を探して歩きまわる場面になると、つらくて見ていられなくなった。

翌年一月、ウィルマとクリフは地元の警察署に呼ばれた。事件を担当する二人の刑事は、まずクリフとだけ話をしたいと言う。数分後、ウィルマも部屋に招き入れられた。椅子に腰かけていたクリフは、部屋のドアが閉まるのを待ってこう告げた。

「キャンダスが見つかったそうだ」

場所は自宅から四〇〇メートルほどしか離れていない納屋だった。キャンダスの遺体は両手と両足を縛られていて、死因は凍死だった。

男の来訪

ダークセン夫妻は、マイク・レイノルズと同じ悲しみに打ちのめされた。キンバー・レイノルズが殺されたときのフレズノと同じように、ウィニペグの町も事件に震撼した。けれども二つの悲劇は、ここからちがう道を歩きはじめる。

ダークセン夫妻が警察署から自宅に戻ると、友人や親戚たちが次々とやってきてそばにいてくれた。午後一〇時、ほとんどの人が帰り、夫妻と親しい友人たちだけになったとき、玄関の呼び鈴が鳴る。

「誰かが忘れ物を取りに戻ってきたのだと思いました」とウィルマは振りかえる。人生で最も長く、つらかった一日を振りかえる彼女の言葉はとぎれがちだ。ドアを開けると、そこには見知らぬ男性が立っていた。「彼はこう言いました——私もわが子を殺された親です」。

男性はダークセン夫妻よりひと回り上の五〇代で、数年前にドーナツ店で娘を殺されたという。当時ウィニペグでも注目された事件だった。トマス・ソフォノーという男が容疑者として逮捕され、有罪判決を受けて四年間服役したが、控訴裁判所の決定で釈放となった。男性は出されたチェリーパイを食べながら話しはじめた。

男性は新聞記者が持つような黒い手帳を出して、ことの経緯を事細かに説明した。裁判が三度に及んだこと、被告のソフォノーのこと、かかった費用のことなどなど……男性は正義などないと憤慨し、事件のせいで人生も家族もぶちこわしになったと言った。健康も害し、夫婦関係も破綻した。そして何度も何度も、あなたがたもこれからこんな目にあうのだとダークセン夫妻に警告した。真夜中を過ぎて、ようやく男性は話を終え、席を立って帰っていった。

「もしあの夜に彼が来訪しなかったら、まったくちがうことになっていたでしょう」とウィルマは言う。「いまにして思うと、彼のおかげで私たちは別の選択肢があることに気づいたのです」。油断していると、娘の死をめぐる一連の騒ぎに振りまわされ、飲みこまれてしまう。そうならないためにはどうすればいい？　ウィルマとクリフは話しあった。

眠れるかどうかはともかく、夫妻はベッドに入ることにした。翌日のキャンダスの葬儀で、夫妻はマスコミの取材を受けることにした。

「キャンダスをこんな目にあわせた犯人に対して、どう思われますか？」。記者の質問が飛んだ。まずクリフが口を開いた。「それが誰なのか、ぜひ知りたい。犯人の人生に欠けている愛を、私たちが与えてあげたいと思います」。

ウィルマも続く。「私たちの最大の願いは、キャンダスを見つけることでした。その願いはかないました。犯人を許せるかどうか、いまはわかりません。誰でもいまわしい行動をとったことはあるし、その衝動に駆られたことはあるはずです」。

許して、前に進む

ウィルマ・ダークセンとマイク・レイノルズは、どちらが英雄だったのか？　つい比較をしてみたくなるが、それは的はずれというものだ。二人とも正しいと思った道を、勇気を持って進んでいった。

二人にちがいがあるとすれば、力に対する認識だろう。娘を殺された親なら復讐に燃えて当然だが、ダークセン夫妻は踏みとどまった。なぜなら、それで何が得られるかわからなかったからだ。二人はプロテスタントの一派メノナイトの伝統のなかで育った。メノナイトは平和主義者であり、アメリカ社会のなかではアウトサイダーだ。ウィルマの一家はロシアからの移民だ。一八世紀、多くのメノナイトがロシアに定住したが、ロシア革命とスターリン支配の時代に激しい迫害を受けた。男たちはシベリア送りにされ、農場は略奪され、家は焼かれた。そのため人びとは町や村ごとアメリカとカナダに移ったのである。ウィルマは、ロシアで日曜学校の教師をしていたという大叔母の写真を見せてくれた。ロシア革命が勃発したとき、大叔母と子どもたちは、村に侵入してきた軍隊に虐殺されたという。ウィルマの祖父は、ロシア時代のことを夢に見てうなされ、夜中によく目を覚ましていた。それでも朝にはベッドを出て、毎日働きに行った。「私たちはそういう生きかたが正しいと信じて、そのとおりに生きてきました」とウィルマは言った。

どんな宗教にも、偉大な戦士や預言者がいる。メノナイトの信者が尊敬してやまないのはダーク・ウィレムズだ。一六世紀、ウィレムズは宗教弾圧を受けて城の塔に幽閉された。ぼろ布を結んだロープで窓から脱出したウィレムズは、城を囲む凍った濠をうまく渡りおえた。しかし彼を追ってきた警備兵は、氷の割れ目にはまってしまう。ウィレムズは逆戻りして警備兵を助けてやった。ふたたび捕まったウィレムズは拷問を受け、火あぶりの刑に処せられる。じりじりと炎に焼かれながら、彼は「おお、わが主よ、わが神よ」と七〇回繰りかえして息絶えたという。[6]「不正に対しては、立ちむかうだけが正解ではない。私たちはそう教わってきました」とクリフは言う。「学校で迫害の歴史を習い、家には一六世紀の殉教を描いた絵が飾られています。許して、前に進む。それがメノナイトの信条なのです」。自分に対して罪を犯した者を許す――それは宗教の教えだが、同時にとても現実的な処世術でもある。社会に用意された懲罰のメカニズムには、いかんともしがたい限界があるからだ。メノナイトの人びとは、逆U字型カーブの現実を知っているのである。

いっぽうマイク・レイノルズはそうした限界を理解していなかった。娘の死に対しては、国家と法がしかるべき懲罰を与えてくれると信じていた。そんなレイノルズが、ジェリー・ドゥエイン・ウィリアムズ事件を話題にしたことがある。ロサンゼルス南部のレドンド・ビーチで、四人の子どもからピザをひと切れちょろまかして逮捕された男だ。ウィリアムズは過去に強盗や違法薬物、仮釈放違反など計五つの前科があったため、ピザが三回目のストライクになって懲役二五年の刑が確定した。[7]

ウィリアムズの一件はスリー・ストライク法の問題点を浮きぼりにしていた。この法律では、ピザを盗むのも凶悪殺人も同列に扱うことになるからだ。しかしマイク・レイノルズは、なぜ世論がそんなに大騒ぎするのかわからなかった。ウィリアムズは過去に何度も社会の規範に反してきたのだから、自由の権利を失って当然だというのである。

「いいですか、三度目にひっかかった人間は自業自得なんです。ピザひと切れで懲役二五年という話をマスコミが伝えるたびに、それが犯罪に対する何よりの抑止になっているんです」

北アイルランド紛争が起きた当初、イギリス政府も同じ発想で問題に対応していた。爆弾を製造したり、武器を隠しもったり、白昼の路上で銃を撃ちあうことを許していたら、社会は成りたたない。ならば力で取り締まるべきだ。その全権をまかされていたのがフリーランド将軍だった。

だが将軍もレイノルズと同様、大切なことをわかっていなかった。いくら目的が正しくても、力と権威の行使には反発が生じる。ロウワー・フォールズに軍隊が出動し、一軒の家を捜索するまでならまだよかった。けれどもそれを町内全域に広げてしまったことで、事態は悪化した。一九七〇年代半ばには、北アイルランドのほぼすべてのカトリック世帯が、平均二回は強制捜索を受けており、ひどいところでは一〇回以上にのぼっていた。さらに一九七二年から七七年までの

(6)アーミッシュもダーク・ウィレムズの教えを強く受けついでおり、やはり迫害に苦しんだ人びとだ。『アーミッシュ・グレイス』(『アーミッシュの赦し：なぜ彼らはすぐに犯人とその家族を赦したのか』ドナルド・B・クレイビル他著、青木玲訳、亜紀書房)という本にこんな逸話が収録されている。アーミッシュの五歳の男の子が猛スピードの車にはねられ、重傷を負った。駆けつけた警官がアルコール検査をするため、運転手をパトカーに入れた。すると男の子の母親が近づいてきて「よろしくお願いします」と言う。警官はてっきり男の子のことだと思い、「救急隊と医者が全力を尽くしてます。あとは神におまかせするだけです」。しかし母親が指さしたのは、後部座席にいる運転手だった。「いえ、この人のことです。私たちは彼を許します」。

(7)その後ウィリアムズは刑期が短縮され、数年後に釈放された。彼の名前は、スリー・ストライク法反対運動の代名詞になった。

あいだに、一六～四四歳のカトリック系の男性は少なくとも一回は逮捕されていた[8]。力の限界を思い知ることは容易ではない。権威側の人間が、自らに与えられた武器——手あたりしだいに家宅捜索をしたり、逮捕したりできる権限——を好き勝手に使えるわけではないことを認める必要がある。頭では理解できても、実際の選択となると難しい。キャロライン・サックスが、ブラウン大学にするか、メリーランド大学にするかを決めるのならまだしも、病院のベッドに横たわる瀕死の娘の手を握り、「こんなことが二度と起こらないように、持てる力をすべて注ぐ」と誓ったマイク・レイノルズはどうか。悲劇を繰りかえさないと娘に約束したレイノルズには、何の落ち度もない。ただ彼の悲劇は、その約束を果たすために成立に尽力した法律が、カリフォルニア州の犯罪状況をかえって悪化させたことにある。

レイノルズのもとには、話を聞きたいとやってくる人が後を絶たなかった。そんなとき、レイノルズは決まって訪問者をデイリー・プラネットに連れていった——キンバーが殺される直前に食事をした店だ。ところが回数が重なるにつれて、店主が苦情を言うようになった。商売のじゃまになるからやめてほしいというのだ。「これはいつまで続くの?」とたずねた女性店主に、レイノルズは激怒した。「たしかに商売に支障があったかもしれない。だがこちらは人生がメチャメチャになったんです。彼女にはこう言いましたよ。娘が生きかえったらやめるよと」。

話を聞いていた私に、レイノルズは娘が殺害された現場を見せたいと言った。しかし私はイエスと答えられなかった。これ以上は無理だと思ったのだ。するとレイノルズはテーブル越しに手を伸ばし、私の腕に置いて、財布を持っているかとたずねた。

レイノルズはパスポートサイズの娘の写真を私にくれた。

「殺される一ヵ月前に撮ったものです。これを財布に入れて、眺めてみてください。あの子が死ななければならない理由など、ひとつもなかった。それなのに、あんなむごい形に殺されるなんて——許せない。こんなことは二度と起こしてはならないんです」

価値観の逆転

二〇〇七年、ダークセン夫妻に警察から電話がかかってきた。実は二ヵ月前から連絡があったのだが、夫妻はずっと無視してきたのだ。キャンダスが殺されてから二〇年以上になる。そのあいだ、夫妻は前を向いて進もうと努力してきた。いまさら古傷を開くようなことをして、何の意味がある？　それでも電話に応じると、警察が自宅にやってきて言った。

「お嬢さんを殺した犯人が見つかりました」

キャンダスの遺体が見つかった納屋は、警察にそのまま保存されていた。そしてＤＮＡ鑑定

(8) ＩＲＡは一九九〇年代半ばまで、アミューズメントパークの送迎バスよろしくベルファスト郊外の刑務所まで毎日バスを運行していた。政治科学者ジョン・ソウルは紛争が最も激しかった時期にこう書いている。
「カトリック地区では、父親、兄弟、従兄弟が投獄されたことがない人は皆無だった。そんな状況のなかで、若者たちは刑務所入りは不名誉ではなく、むしろ勲章だと考えるようになった」

で、マーク・グラントという男が浮上したのだ。グラントは夫妻の家からそう遠くないところに住んでおり、性犯罪の常習者で人生の大半を刑務所で過ごしてきた人物だった。二〇一一年一月、グラントの裁判が始まった。

ウィルマ・ダークセンは心が激しく乱れた。記憶のなかに静かにしまっていた娘のことが、突如として掘りおこされた。法廷に現われたグラントは、むくんだ青白い顔をしていた。髪は真っ白だ。ウィルマは言う。

「彼は私たちに怒りを向けていました。意味がわかりません。怒るのはこちらでしょう。彼の顔をまともに見たのは、予備審問も終わるころでした。私は心のなかで彼に語りかけました――あなたがキャンダスを殺したのね。あなたはいったい何者？　なぜあんなことができたの？」

「だけどいちばんつらかったのは――ごめんなさい、涙が出てしまって――」。ウィルマは話をいったんやめて涙をぬぐった。「キャンダスは手足を縛られていました。そういう形で性的欲求を満たす人がいることは知っていました。ですが……彼はキャンダスが苦しむのを眺めて、それで快感を得ていたんです。倒錯しています。これはレイプよりひどい。人間のやることじゃありません。おぞましいのひとことです」。

観念的には犯人を許すことができたはずのウィルマが、娘を殺した男の顔と名前がわかってしまうと話は変わってくる。

「頭のなかがぐちゃぐちゃになりました。どうしてこの男は生きているの？　誰かが殺してくれればいいのに——そんな考えが湧いてきて、抑えるのに苦労しました」

「ある日教会で友人たちと集まったとき、私は我を失ってしまい、性的倒錯を激しくののしりました。翌朝、その場にいた友人のひとりが電話をかけてきて、話をしたいから自分のアパートに来てくれないかと言いました。そこで彼女は、緊縛やSMプレイの愛好者であることを打ちあけました。彼女はその世界のことをくわしく教えてくれました。彼女とは職場がいっしょだったこともあるのに、そんなそぶりは見たことがありません。ひた隠しにしてきたんです。前日の私の激しい怒りを目の当たりにして、彼女はおびえていました。でも彼女のことは大好きです。私はこのまま怒りの鎧を身にまとい、彼女に感情の矛先を向け、彼女を拒絶していいのだろうか？」

ウィルマは悟った。友人を許すためには、グラントも許さなくてはならない。この人はよくてあの人はだめといった、ご都合主義の道徳観はウィルマの信条に反していた。

「そうはいっても、素直には受け入れられません。私は聖人君子じゃない。ぜったいに許さないとこぶしを振りあげるほうが簡単です。同調してくれる人もたくさんいたでしょう。大きな組織を味方につけることもできたはずです」

ウィルマ・ダークセンは、マイク・レイノルズになることもできた。スリー・ストライク法のような法律制定に向けて運動を始めてもよかったのに、そうはしなかった。

「最初のうちはそれでよくても、あとで苦しくなったでしょう。クリフも、子どもたちも失っていたかもしれません。そうなったら、私もあの男と変わりません」

深い悲しみが動機だったとはいえ、大きな力を行使して州政府を無益な社会実験に追いこんだ父親。いっぽうで同じ力を約束されながらも、それをあえて拒否して許すことを選んだ母親もいた。おかげで友情と結婚生活、そして自身の健全な心は保たれた。

誰もが当たり前だと思っていた価値観を逆転させたのである。

第9章

自分の運命に勝つには

ナチスに抵抗をつづけたある牧師の生涯

アンドレ・トロクメ

一九四〇年六月、ドイツ軍の侵攻でパリが陥落した。フランス政府はヴィシーに首都を移転、第一次世界大戦の英雄フィリップ・ペタン元帥が政府首班を務めることになる。

ペタンはドイツに積極的に協力した。ユダヤ人の権利を剝奪し、専門職から追放し、反ユダヤ法を成立させ、ユダヤ人狩りを行なって隔離キャンプに送りこんだ。また学校ではフランス国旗にナチス式の敬礼——右腕を伸ばし、手のひらを下に向ける——を毎朝行なうことを決めた。フランスでは生活のあらゆる面が占領下体制に切りかわっていたので、敬礼ごときにうるさく言う者はおらず、誰もがおとなしく従った。ル・シャンボン＝シュール・リニョンの住民をのぞいては。

ル・シャンボン＝シュール＝リニョンは、フランス中南部、イタリアやスイスとの国境に近いヴィヴァレ地方の山あいの村のひとつだ。冬場は雪に閉ざされ、いちばん近い町でさえ何キロメートルも山を下らなくてはならない。ル・シャンボンの村人は、昔からユグノーなどのプロテスタントを信仰していた。そんなル・シャンボンのプロテスタント教会で牧師をしていたのが、アンドレ・トロクメだ。フランスがドイツに敗北した直後の日曜、トロクメは「敵を愛し、敵を許し、敵に善を行なうことが私たちの勤めです」と説教している。「けれども信仰を犠牲にしたり、卑屈になってはいけません。福音の教えに反する服従を命じられたときは、抵抗しましょう。恐れることなく、また驕りも憎しみも抱くことなくあらがうのです」。

そんな彼にとって、国旗にナチ式の敬礼をすることは「福音の教えに反する服従」にほかならなかった。トロクメはもうひとりの牧師エドゥアール・テイスとともにコレージュ・セヴェノルという学校を設立していたが、ここでは国旗掲揚もナチ式敬礼も行なわないことに決めた。

ヴィシー政権はさらに、全国の教師に対して国家忠誠の宣誓書に署名することを求めてきた。トロクメとテイスをはじめ、セヴェノルの教師は全員拒否する。政権誕生から一年を記念して、八月一日正午にフランス全土の教会の鐘を鳴らすようにとお達しが出たときも、トロクメは従わなかった。当日、夏だけ村に滞在する住民二人が「鐘が鳴らない」と文句を言ってきた。すると教会の管理人をしているアメリという女性は、にべもなくこう言った。

「鐘は元帥ではなく神に属するもの。神のため以外に鳴らすことはありません」

一九四〇年の春を迎えるころ、ヨーロッパ全土でユダヤ人をめぐる状況は悪化の一途をたどっていた。そんなある日、ひとりの女性が寒さと恐怖に震えながらトロクメの家の扉を叩いた。自分はユダヤ人で、命が危うい。ここル・シャンボンなら受け入れてくれると聞いてやってきた。

「どうぞお入りくださいと言いました」。トロクメの妻マグダはのちに回想している。「それが始まりだったのです」。

その後も次々とユダヤ人難民がル・シャンボンにやってきた。トロクメはマルセイユで、バーンズ・チャーマーズという人物に会う。チャーマーズをはじめとするクエーカー教徒は、フランス南部につくられたユダヤ人隔離キャンプで人道支援を行なっていた。キャンプの環境は劣悪で、ネズミやシラミがわき、病気も蔓延していた。一九四〇年から一九四四年のあいだに、ひとつの隔離キャンプだけで一一〇〇人のユダヤ人が死亡したという。生きのびた者も、多くはナチの強制収容所に移送され、そこで殺された。クエーカー教徒の尽力で、子どもを中心とするユダヤ人がおおぜい救出されていたが、身を寄せるところがない。そこでトロクメが名乗りをあげた。こうしてル・シャンボンに大量のユダヤ人が逃げこんだ。

一九四二年夏、ヴィシー政権で青少年問題担当長官を務めるジョルジュ・ラミランがル・シャンボンを公式訪問する。

あざやかなマリンブルーの軍服で決めたラミランは、随行員とともに山を見てまわった。これから昼食会があり、競技場までパレードして地元の若者と交流を図り、正式なレセプションに出席する予定だ。ところが昼食会の食事はおそろしく貧相で、おまけに給仕をしたトロクメの娘が「うっかり」ラミランの背中にスープをぶちまけた。パレードのときも通りは閑散としており、到着した競技場では何の準備もされておらず、子どもたちが走りまわったり、こづきあったり、ぼんやり立ったりしているだけだった。レセプションでは、住民がいきなり立ちあがって、新約聖書の「ローマの信徒への手紙」一三章八節を読みあげた。互いに愛し合うことのほかは、だれに対しても借りがあってはなりません。人を愛する者は、律法を全うしているのです……。

さらに学生の一団がラミランの前に進みでて、一通の書簡を読みあげた。少し前にパリでユダヤ人狩りが行なわれ、一万二〇〇〇人が検挙された。彼らはパリ南部のヴェロドローム・ディヴエールに集められたあと、アウシュヴィッツ強制収容所に送られた。

「長官殿」と、その書簡は始まっていた。

三週間前、パリで恐ろしい事件があったと知りました。占領国に命じられたフランス警察が、パリのユダヤ人を家族ごと捕まえてヴェル・ディヴに閉じこめたそうです。父親は家族から引きはなされてドイツに送られ、子どもたちも母親から引きはなされました。こうしたユダヤ人の強制移送は、もうすぐ南部でも始まることでしょう。

あなたにお伝えせねばならないのは、私たちのなかにユダヤ人が混じっているということです。ですが私たちはユダヤ人かそうでないかを区別しません。それは福音の教えに反しています。たまたま異なる宗教に生まれたというだけで、追放や尋問の命令が下ったとしても、誰もその命令には従いません。私たちもそんな同志を可能なかぎりかくまいます。

私たちのなかにユダヤ人がいます。でもあなたがたには渡しません。

受容の歴史

セヴェノルの生徒数は、開戦直前の時点でわずか一八人だったのに、一九四四年には三五〇人に膨れあがっていた。増加分がどこから来たのか、少し考えればわかるはずだ。それどころか、村はユダヤ人をかくまっていることを秘密にさえしていなかった。何しろ長官への書簡で、「ユダヤ人が混じっている」と公言したくらいだ。ある協力者の女性は、月に数度、ユダヤ人の子どもを十数人引きつれてリヨンからル・シャンボンに入り、駅前のホテルに子どもたちを置いて、引きとり家庭を探して歩いたという。

ヴィシー政権下では、ユダヤ人を移動させたり、かくまったりすることはもちろん違法だ。ル・シャンボンにも警察が三週間出張所を設置して、村とその周辺でユダヤ人狩りを行なった。しかし検挙できたのはたった二人で、そのうちひとりは釈放されている。ユダヤ人弾圧に容赦なかったナチス・ドイツのことだから、じきじきにル・シャンボンに乗りこみ、住民全員をアウシュヴィッツ送りにしてもよさそうなものだが、なぜそうしなかったのか？

戦時下のル・シャンボンを描いたフィリップ・ハリー著『罪なき者の血を流すなかれ』（石田敏子訳、一九八六年、新地書房）によると、戦争末期には、この地域を担当していたゲシュタポ幹部ユリウス・シュメーリンクがこの村を擁護していたという。地元警察にも協力者がたくさんいて、トロクメのもとには取り締まりの情報を知らせる電話が深夜にかかってきた。また内通があったと言ってユダヤ人が隠れている家を訪問しておきながら、近所のカフェに彼らを連れだし、コーヒーをごちそうして話しこむ警察関係者もいた。そうやって、ユダヤ人を捕まえる意思がないことを村人たちに示していたのだ。いっぽうナチス・ドイツも、とくに東部戦線の戦況が悪化してきた一九四三年以降は、自分のことで手一杯だった。

このようにル・シャンボンが手つかずだった理由はいろいろ考えられるが、この本では最も本質的な理由を明らかにしておこう――それはひとつの町、ひとつの民族、ひとつの運動を消滅させることは、思ったほど簡単ではないということだ。

強者は見た目ほど強くはなく、弱者は見た目ほど弱くない。ル・シャンボンの村人たちは多くがユグノーで、宗教改革のときにカトリック教会と決別したプロテスタントの一派だ。フランス国内では異端と見なされ、歴代の国王がカトリック教会への再統合を試みては失敗した。ユグノーは禁教となり、信者狩りが行なわれて男たちは死刑台に送られ、女たちは死ぬまで牢獄に閉じこめられ、子どもたちはカトリック家庭の養子にされた。弾圧は一世紀以上も続き、一七世紀後半には、二〇万人のユグノーがフランスからヨーロッパ諸国や北アメリカに亡命した。国内に留まった者は辺境の森に逃げこみ、ヴィヴァレ地方の山岳地帯にたどりついてル・シャンボン村をつくった。村人はスイスに学校をつくり、亡命する聖職者たちの国境越えを手助けした。当然、脱出や偽装のテクニックにも磨きがかかる。やがてフランスに留まった人びとは、恐れることは何もないのだと悟った。ただ怖がることを怖がっていただけだと(1)。そう、大空襲時のロンドン市民のように。マグダ・トロクメはのちに語っている。

「村人たちは、祖先が受けた仕打ちをよく話題にしていました。迫害がどういうものかよくわかっていたんです。歳月が過ぎて、昔のことを忘れかけたころ、ドイツの侵略を受けた。ユダヤ人の窮状をよそのどこよりも身にしみて理解したのは、この村の人びとでした」

最初の難民がドアを叩いたとき、マグダ・トロクメは断ることなど思いもよらなかった。

「危険なことになるとは知らなかったんです。ほかの誰もがそうでした」

危険だとは知らなかった？　ほかの村人たちも？　彼ら以外のフランス国民全員が、これは危ないぞと感じる状況で？　なぜならル・シャンボン村の人びとは、すでに経験ずみだったからだ。村では、逃げてきたユダヤ人のために書類を偽造した。国家権力から自らの信念を守りとおしてきた人びとにしてみれば、わけない作業である。そして自分たちの祖先も身を隠した場所にユダヤ人をかくまい、三〇〇年間使いつづけてきた国境越えの山道を使ってスイスへ逃がした。

マグダ・トロクメはこうも語っている。

(1)歴史家クリスティン・ファン・デア・ザンデンは、難民を受け入れる伝統があるヴィヴァレ地方を「受容の地方」と呼んでいる。一七九〇年、フランス議会はカトリック教会を支配下に置くため、すべてのカトリック聖職者に国家忠誠の宣誓書への署名を義務づけ、従わないと投獄すると宣言した。署名を拒否した聖職者が逃げこんだのはヴィヴァレ地方だった。第一次世界大戦でも難民を受け入れ、スペイン市民戦争のときは、ファシスト政権からの亡命者が逃げてきた。ナチス政権による弾圧が始まったオーストリアやドイツからは、社会主義者や共産主義者がヴィヴァレ地方にやってきた。

「よく決心できましたねと言われますが、大切なのは、人間はみんな兄弟だと思っているかどうかです。ここでユダヤ人を追いかえすのが正しいことなのか？　そう考えたら、よし、ひと肌脱ごうとなりますよね」

アンドレ・トロクメも言っていた。

「なぜナチは、こんなに有能な民族を根絶やしにしようと思ったんだろう？」

信念を貫く

アンドレ・トロクメは一九〇一年生まれ。背が高く頑丈な体格の持ち主で、鼻が長く、青い瞳は鋭い光を放っていた。仕事熱心で、村のあちこちをいつも精力的に歩きまわっていた。娘のネリーは「使命感が毛穴から発散しているような人」と評している。平和主義者を自称していたが、性格は平和主義者からほど遠く、妻のマグダとはしょっちゅう大げんかをしていた。

ラミラン長官の訪問から半年後、トロクメとテイスは逮捕され、隔離キャンプに収容された（ハリーの著書によると、「私物はすべて剝奪され、ユダヤ人かどうかを判定するため鼻の長さを測定された」という）。一ヵ月たち、二人は解放されることになった――ただし、「フランスの安寧のため、またペタン元帥の掲げる国民革命のために政府が発する命令には無条件で従う」ことが条件だった。ところがトロクメもテイスも拒否したので、隔離キャンプの所長は驚いた。キャンプに留まることは、十中八九ガス室行きを意味する。形式的な紙きれに署名するだけで自由になれるというのに、なぜ拒否する？　所長は二人をどなりつけた。

「誓約書には、きみらの良心に反する文言などどこにもないだろう。元帥はひたすらフランスのためを思っておられるのだ！」

トロクメは答えた。

「元帥に承服しかねることが、少なくとも一点あります。ユダヤ人をドイツ人に引きわたしていることです……私たちは村に戻ったら、まちがいなく政府の命令に従わず、反抗を続けるでしょう。それなのにいま署名できますか？」

ついに所長はあきらめて、二人を解放した。

その後ル・シャンボンでもゲシュタポの取り締まりが強化され、トロクメとテイスはいよいよ村にいられなくなった。地下組織に加わったテイスは、スイス亡命を希望するユダヤ人のアルプス越えを終戦まで支援しつづけた。トロクメは身分を偽って町から町へと移動していたが、リヨンの鉄道駅で警察の一斉検挙に引っかかってしまう。トロクメはいきなり窮地に立たされた——素性がばれるだけならまだしも、偽の身分証明書を所持しているのだ。ハリーの著作には次のように書かれている。


トロクメの身分証明書には、ベゲという偽名が記されていた。警察がこれは本名かとたずねる。素性を隠すには嘘をつかなくてはならないが、トロクメにはできなかった。自分かわいさで嘘をつくことは「安易な妥協で手を打つことであり、神はそんなことを私に望んでいない」と自伝的手記に書いている。偽の身分証明書でほかの人の——さらには自らの——命を救うことはよくても、自己保身のために直接相手に嘘をつくとなると話は別だった。

身分証明書に偽名を記すことと、警官に偽名を名乗ることが、道徳的にそれほどちがうだろうか？　おそらく大差ないだろう。しかもこのときトロクメは、まだ小さい下の息子といっしょだった。難民をかくまうという大切な仕事も続けなくてはならない。偽名で追及を逃れたとしても、トロクメを非難する者はひとりもいなかったはずだ。

だが問題はそこではなかった。彼は損得勘定を脇に押しやり、小賢しい嘘はつかないと決心した。小児白血病と戦うジェイ・フライライクや、黒人の権利を勝ちとろうとするワイアット・ウォーカー、フレッド・シャトルズワースも、同じ感覚を持っていたはずだ。ウォーカーやシャトルズワースは、自宅を爆破され、KKKに車を包囲されて、したたかに殴られても運動を続けた。ジェイ・フライライクは新しい治療法を試したらクビだと言いわたされ、同僚にも足をひっぱられながらも、弱った子どもに太い注射針を刺しつづけた。彼らは、何があってもこれ以上悪くはならないと信じて、自分の損得は後まわしにして信念を貫いたのだ。

結局トロクメは、身分証明書について何も聞かれなかった。駅に戻って息子と無事再会し、脇の入り口を通って外に出た。けれども、もし警察におまえはベゲかとたずねられたら、トロクメは迷うことなく答えただろう。「いいえ、私はベゲではありません。牧師のアンドレ・トロクメです」。実際に質問されたかどうかはもう関係なかった。

もし、あなたがゴリアテだったとして、こんな人間を倒せるだろうか。もちろん命を奪うことはできる。だがそんなことをすれば、北アイルランドのイギリス軍や、スリー・ストライク法を成立させたカリフォルニア州のように、手痛い反撃を受けるにちがいない。力を必要以上に行使する者は、正統性を失う。正統性を持たない力は反発を呼ぶ。アンドレ・トロクメの命を奪うのは簡単だが、すぐに別のアンドレ・トロクメが現われるだろう。

トロクメが一〇歳だったある日、車で郊外の別荘に行くことになった。父親が運転し、母親は助手席、トロクメと二人の弟、それに従弟は後部座席に座った。父親は前方を走る車が遅いといらだって、追いぬこうとする。「ポール、ポール、そんなにスピードを出さないで。事故を起こしてしまうわ！」。母親の叫びもむなしく、車は激しくスピンして横転した。トロクメは大破した車から自力で脱出できた。父親も、弟たちも、従弟も無事だったが、母親だけ助からなかった。一〇メートルほど先の道ばたに転がっていた母親は、すでにこと切れていた。そのときの衝撃にくらべたら、ナチ将校との対決など何ほどのことでもない。

トロクメは何年もたってから、亡き母親に向けてこう書いている。

もし私がたくさんの罪を犯し、孤独を好むようになり、寂しい魂があちこちをさまよい、すべてに疑いぶかくなり、運命論者になり、毎日死を待ちのぞみ、死を求めようとさえする悲観的な子どもだったとしたら。もし私が心をなかなか開けず、幸福を知るのが遅く、いまも陰気で、心から笑うことのできない人間であるとしたら、それは、あなたが六月二四日、あの道路で私を残して旅だったからです。

もし私が現実が永遠に続くと信じて……その現実に自分を押しこんできたとしたら、それも私がひとりぼっちだったからです。私の神さまであるはずのあなたがいなくなり、すべてを従える豊かなあなたの命が私の心を満たしてくれなくなったからです。

フランスでユダヤ人として生きることは、特権でも幸運でもなかった。ユダヤ人は社会のはずれに押しやられ、傷つけられてきた。

だがここで思いだしてほしい。どんな災厄、どんな不幸にもかならず終わりがあることを。文字を読む能力が乏しい人は、話を聴く能力が育つ。町が爆撃を受けても、死と破壊をかろうじて免れた人びとが新しい共同体をつくるだろう。幼いころに父親や母親を失った人は、耐えがたい苦悩と絶望にさいなまれる。けれども一〇人にひとりは、それをばねに不屈の精神力を発揮する。エラの谷で巨人と羊飼いがにらみあっていたら、注目を集めるのは、光かがやく鎧に身を固め、剣を構えた巨人のほうだ。しかしこの世界に美しいもの、価値あるものをもたらすのは、意外なほどの強さを内に秘め、尊い目的を掲げる羊飼いなのである。
アンドレ・トロクメとマグダのあいだに最初に生まれた子どもが、長男のジャン＝ピエールだった。繊細で才能に恵まれた息子を、トロクメはこよなく愛していた。戦争も終わりに近いある晩、一家は詩の朗読会でフランソワ・ヴィヨンの「首を吊られる者のバラード」を聴いた。
翌日、夕食から戻ったトロクメ夫妻は、浴室でジャン＝ピエールが首を吊っているのを発見する。トロクメはよろめく足で森をさまよい、「ジャン＝ピエール、ジャン＝ピエール！」と息子の名を呼びつづけた。
後年、彼はこんな文章を残している。

いまでも私のなかに抱えこんだままの死があります。息子の死です。私はてっぺんを切りおとされた松のようです。松はてっぺんを切られると元の姿には戻れず、無残にねじれていくのです。

トロクメはここまで書いて、筆を一度止めたにちがいない。そしてル・シャンボンで起こったことを振りかえり、話はそこで終わりではないと気づいたはずだ。だから彼はこう続けた。

けれども、その松はきっと幹がたくましくなるはず。それがいまの私なのです。

マルコム・グラッドウェル

Malcolm Gladwell

1963年イギリス生まれ。雑誌『ニューヨーカー』のスタッフライターとして活躍中。社会科学の知見と読み応えのあるストーリーを組み合わせた、独特の記事で知られる。世界でもっとも人気のあるコラムニストの一人で彼の著作は必ず世界的ベストセラーとなる。ある製品やメッセージが突然、爆発的に売れたり広まったりする仕組みを解き明かした『ティッピング・ポイント』(邦題『急に売れ始めるにはワケがある ネットワーク理論が明らかにする口コミの法則』)、人間は、長時間考えてたどり着いた結論よりも、最初の直感やひらめきによって、物事の本質を見抜くという仮説を検証した『ブリンク』(邦題『第1感「最初の2秒」の「なんとなく」が正しい』)、世に言う天才は、生まれながらの才能ではなく、周囲の環境や時代背景によって生まれることを実証した『アウトライアーズ』(邦題『天才! 成功する人々の法則』)は、いずれも世界で200万部を超える大ベストセラーになっている。

藤井留美

ふじい・るみ

翻訳家。上智大学外国語学部卒業。訳書に『一生に一度だけの旅discover 地元の人しか知らない素敵な場所』『ディズニー大学』『地雷を踏む男、踏ませる女』『話を聞かない男、地図が読めない女』など多数。

逆《ぎゃく》転《てん》！　強敵《きょうてき》や逆境《ぎゃっきょう》に勝《か》てる秘密《ひみつ》

二〇一四年九月一日　第一刷発行

著者　マルコム・グラッドウェル

訳者　藤《ふじ》井《い》留《る》美《み》

発行者　鈴木　哲

発行所　株式会社講談社

東京都文京区音羽二-一二-二一　郵便番号一一二-八〇〇一

電話〇三-五三九五-三五二二（出版部）

〇三-五三九五-三六二二（販売部）

〇三-五三九五-三六一五（業務部）

印刷所　豊国印刷株式会社

製本所　株式会社国宝社

本文データ制作　講談社デジタル製作部

イラストレーション　大高郁子

ブックデザイン　鈴木成一デザイン室

 ISBN978-4-06-218505-9　N.D.C.936 254p 20cm